人文武术精品书系

勿使前辈之遗珍失于我手
勿使国术之精神止于我身

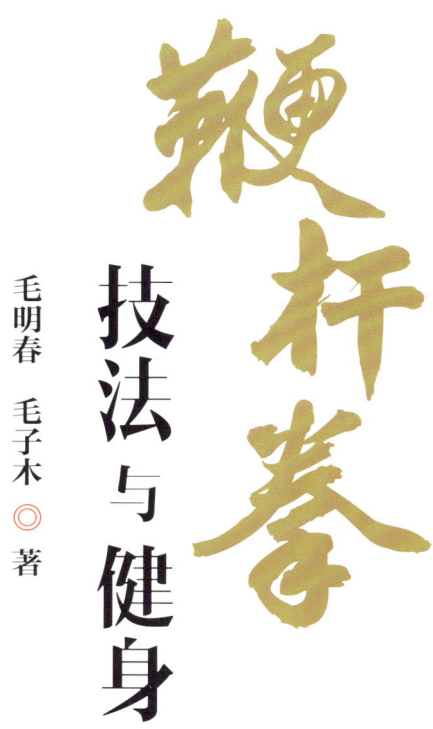

鞭杆拳

技法与健身

毛明春　毛子木 ◎ 著

北京科学技术出版社

图书在版编目（CIP）数据

鞭杆拳技法与健身 / 毛明春，毛子木著 . — 北京：
北京科学技术出版社，2022.10
ISBN 978-7-5714-2347-6

Ⅰ.①鞭… Ⅱ.①毛… ②毛… Ⅲ.①棍术(武术) —
基本知识—中国 Ⅳ.①G852.25

中国版本图书馆 CIP 数据核字 (2022) 第 096842 号

策划编辑：王跃平　宋杨萍
责任编辑：苑博洋
责任校对：贾　荣
封面设计：何　瑛
责任印制：张　良
出 版 人：曾庆宇
出版发行：北京科学技术出版社
社　　址：北京西直门南大街 16 号
邮政编码：100035
电　　话：0086-10-66135495（总编室）　0086-10-66113227（发行部）
网　　址：www.bkydw.cn
印　　刷：北京宝隆世纪印刷有限公司
开　　本：710 mm × 1000 mm　1/16
字　　数：244 千字
印　　张：17.75
版　　次：2022 年 10 月第 1 版
印　　次：2022 年 10 月第 1 次印刷
ISBN 978-7-5714-2347-6
定　　价：198.00 元

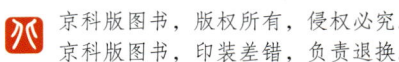

我在山西大学体育学院工作了35年，2017年，我退休了。刚退休的那段时间我既感到放松又感到有些恐惧，放松是因为终于有时间可以做自己想做的事了，恐惧是因为太自由了就会散漫、无所事事。好在我很快找到了感兴趣的事并且很快投入了进去，这就是我干了50多年的练武术、教武术、研究武术。

我曾好奇，为什么古今中外，上至帝王，下至平民，大多数人都喜爱武术并将其作为修身之道，现在才明白，因为武术深切地关系着人的生存和性命。古人与猛兽搏杀以自卫并获得食物，而部落间的搏斗则为了获得权力与生活资料。古代人依靠武力保家卫国、开疆拓土，因而在选将扩兵时，武术也是需要考察的要素。现代人仍酷爱武术，它可以用来自卫，可以强身健体、延年益寿，同时也涵盖了国学、医学、文化等多方面的知识。武术这类具有搏击特性的运动在千百万年的进化过程中早已嵌入了人类的基因之中，不是人类想不想拼搏竞争的问题，而是拼搏竞争是人类的本能，是生命活动的必要，是生命过程中必需和必备的意识和行为。

当今社会早已实现了信息化、自动化。人们的身心正在经历着前所未有的刺激、考验和变化。现在常见的"文明病""生活方式病"，如高血压、高糖血症、高脂血症、肥胖、失眠、抑郁症等，原因之一就是坐得多、吃得多、睡眠差、运动少。人们的脾胃、神经经常处于疲劳状态，得不到休息与调整，这种情况对青少年的危害尤其严重，令人痛惜！

在多年的武术修习、教学和科研当中，我深深地体会和认识到：中国武术是防治很多疾病的良方之一，是极好的修身、修心的健身延年之道，因为中国武术集成了中国古代哲学、中医学、养生学等领域的知识，真可谓精深广大。

我个人非常喜爱太极拳、形意拳和鞭杆拳，本书就是对我学习的传统鞭杆拳的一些初步整理，初心是传承、创新鞭杆拳。

鞭杆（短棍）是一根木棍，是最为简单的武术器械。中国有句古话："大道至简。"一根短棍里有大道吗？有！

远古时代的人们最早使用的武器之一就是棍，人们用它来抵御猛兽的攻击以及与敌人搏杀。将棍子削尖了就是矛和枪，武术中就有"棍为诸兵之祖"之说。棍子也是"劳动工具之祖"，现在还在使用的铁锹、锄头、耙子、扁担等工具都是在棍的基础上发展而来的，而且这些工具的长度都与鞭杆的长度相近。更有意义的是，棍参与了人类早期的很多劳动，而劳动开发和促进了人脑的飞跃发展，可以说，劳动创造了人！

今天的短棍同样可以起到强身健体、益智明心、防身自卫的作用。本书的第一章至第八章介绍了鞭杆拳的源流、基本功、基本技法（单点子、破点子、串点子）。鞭杆拳源远流长，20世纪80年代，我和同仁们走遍山西，对山西鞭杆拳的分布和现状进行了调研。从晋北至晋南都有鞭杆拳的流传，习练者众多，而且多与地方拳种结合，形成了各地独特的风格。鞭杆拳基本功最为独特的是溜手与换把，这在其他武术器械中并不多见。鞭杆短小，在使用过程中可长可短、变化多端。鞭杆可在两掌之中灵活滑动与变换，由此演化出了40多种攻防技法，形成了鞭杆独特的风格和魅力。本书在编写时保留了山西鞭杆拳传统的术语，如：单点子，指的是单式子，单式子的最大特点是每一式均含有攻防两个方面，否则不能成为一个单式子；破点子，指的是明确和训练单点子的方法，主要的单点子要反复练习，直到练成条件反射式的动作与反应；串点子，就是组合动作和套路，在单点子精熟的基础上，组合动作可以是随机的、即兴的，套路也可以是多变的组合。以往前辈们创编的优秀套路多是实践经验的总结，有些已经成为经典，值得保留、传承和推广。

本书第九章介绍了一些利用鞭杆拳防病祛病的健身方法。结合我多年的教学和科研实践经验，本书拓展了鞭杆拳的内容，如拉筋系列、按摩系列和健身体能练习。

鞭杆拳博大精深，本书仅整理出来一小部分。

今年是我的母校山西大学建校120周年，也是恩师陈盛甫120周年诞辰，谨以此书献给母校和恩师。愿普天下人民安康幸福。

毛明春

2022.2

第一章

概述

鞭杆拳简介

在中国武术史上，拳术和棍术被视为武术的基础功夫，习练者认为学好拳术和棍术，其他武功便可触类旁通了。明代军事将领何良臣在《阵记》中讲："学艺先学拳，次学棍。……所以拳棍为诸艺之本源也。"明代名将戚继光在《纪效新书》中说道："若能棍，则诸利器之法从此得矣。"明代著名武术家程宗猷在《少林棍法阐宗》中也讲："凡武备众器，非无妙用，但身手足法，多不能外乎棍。"纵观中国武术的历史，无论在军旅中还是在民间，棍尤其受重视，产生了众多著名的棍术——赵太祖腾蛇棒、少林棍、青田棍等，出现了专门记述棍法的《剑经》《少林棍法阐宗》等武学专著。

山西省是中华文化和文明最早的发源地之一。山西自古战争频繁，民性强悍，山西人民勇于战斗，在实践中总结和创造了丰富的武术文化和艺术形式，为我们留下了宝贵的文化遗产，鞭杆拳便是其中之一。

鞭杆拳盛行于山西和西北等地，是以短棍（多种不同长度的短棍）为器械的一门拳学，体系完备，包含理论、功法、套路、对打等。社会上也将鞭杆拳简称为"鞭杆"或"短棍"。这一独特的武术种类，易教、易学、易练，方便、实用，男女老幼皆宜，因此具有良好的群众基础。

鞭杆拳的产生，源于人们的劳动、生活实践，是为了适应当时社会的需要。鞭杆是生产和生活的实用工具，同时也是预防不测的防身武器。

山西流传着大量的鞭杆拳套路，其中流传较广的优秀鞭杆拳套路之一是驼骡鞭。据传，鞭杆拳始于古时的代州（今山西省忻州市代县一带）。当时，人们为了换取生活物资，要将当地特产用骡马或骆驼运输到山西西北口外（今内蒙古一带），但是途中常有强盗出没抢劫，于是人们习拳练武以提高防卫能力，并常用随身携带的鞭杆进行防卫。后来有的武师将鞭杆的实战技术进行收集、加工，整理成了较为系统的技法、功法和套路，这就是驼骡鞭。清末，驼骡鞭传入代州的园果寺，寺内和尚对驼骡鞭进行了提炼与改进。代州园果寺住持教伦和尚将驼骡鞭传给张连、任继、李春芳，任继传五台县张含之，张含之传陈盛甫、武耀文、杜大兴等。

张含之在继承前人驼骡鞭的基础上，取各家之长，成为一代宗师。其弟子陈盛甫又在此基础上，本着古为今用、推陈出新的原则，创编了简化鞭杆，将传统套路改编为一路鞭杆、二路鞭杆，并创编了鞭杆对打等套路。陈盛甫出版了关于鞭杆的著作和录像带，将鞭杆拳广泛传播于全国各地乃至国外。张含之的弟子武耀文也将驼骡鞭的套路改编成了综合鞭杆套路，广为流传。

山西鞭杆拳内容非常丰富，套路有简有繁，有长有短；其器械简单，便于制作和携带；招式动作朴实无华。目前流传的有五花鞭、八仙鞭、十五手点穴鞭、十八式单手鞭、二十四式鞭、三十六式鞭、六十三鞭、八合鞭、子母鞭、十字鞭、扭丝鞭、驼骡鞭、综合鞭等。

较为流行的鞭杆长度为十三把鞭，约115厘米，为木制短棍，分把端与梢端，梢端略细。鞭杆的特点是短小、无刃、轻便，握法多样，可双手互换；梢把并用，短兵长用；鞭不离身，缠滚穿梭，上下翻飞，声东击西，快慢相间。其基本技法有穿、戳、刺、扎、点、摆、顶、劈、盖、扣、压、甩、抽、击、敲、崩、弹、裹、缠、拦、拿、挎、背、滚、翻、截、拦、抱、托、带、扫、云、贯、挑、撩、劐、拨、推、划、挂、搅、抡、十字、舞花等几十种之多。由于鞭杆可以吸收多种武术器械的技法，因此可以说鞭杆的技法最为丰富和多变。

鞭杆还有其他不同的长度和名称：

腰鞭：由地面至腰，十三把。

袖鞭：从肩至手指，九把。

肘鞭：从肘至手指，五把。

掌鞭：从腕至手指，三把。

鞭杆的长度不同，其功用也各不相同。图1-1为不同长度的鞭杆。

图 1-1

鞭杆以拳术为基础，吸取了各家拳术之长。鞭杆拳可以脱鞭为拳，可以鞭里加拳，可以根据需要展现和突出不同拳术的风格。

鞭杆拳有着完备的理论、技法和功法体系，是山西省级非物质文化遗产项目之一，被改编纳入了中国武术段位制教程——短棍。

鞭杆拳的内容

壹 / 功法

缠腰

除了有武术的基本功练习，鞭杆拳中还有诸多独特的功法练习，如点棉球、戳袋子、抽袋子、挑袋子、劈袋子、搅轮子、刮木桩、缠圈子、缠腰、穿梭、转无极、转太极、活腕子、溜八道、翻胯调尾、运胯活腰、左右调膀、鸡步功，等等。

单点子与破点子

单点子是单式练习，每一个单点子都含有攻防两方面的技法，一个单点子就是一个攻防组合。鞭杆拳强调进行大量的单式重复练习，在练习时要精确掌握动作要领、知晓攻防含义。每一个单点子都可以变换不同的力道、速度、方位来进行练习，以达到手、眼、身法、步的协调一致。

破点子即拆招，是很重要的训练。拆招虽然不是实打，但通过它可以理解招法的攻防用意，在理解的基础上才能进行深入练习。

串点子

串点子即套路训练，从易于记忆、易于掌握、易于应用的角度看，一般短小的套路为好。短小的套路易于重复练习，易于提高技艺水平，练习者有充沛的体力来发挥力道、控制速度。较长的套路适合健身和表演。

鞭杆拳执中致和论

鞭杆拳的核心理法是执中致和。执中致和源于中国传统文化，《尚书·大禹谟》："惟精惟一，允执厥中。"《孟子·尽心上》："子莫执中。执中为近之。执中无权，犹执一也。"古代哲人认为，执中近圣人之道，执中致和即是持中庸之道，无过无不及，不偏不倚。

鞭杆拳的执中有两重含义。第一，"执"，拿着、握着、持着鞭杆。"中"，鞭杆的中间，指鞭杆的把端与梢端之间（不是绝对的中间，可以在两头之间变换部位），也指运用鞭杆要达到的最佳状态。执中是指在执鞭杆时不要握在鞭杆的顶端尽头，而是要握在距离把端或梢端两到三把的部位，这样可以平衡劲力、灵活变化。第二，执中也指通过练习鞭杆而中正做人、做事，做一个好人，做一个有道德、有修养的人。

鞭杆拳的致和是指致力于身体气血阴阳的和谐，此为身体健康的基础；致力于人与人之间的和谐，此为家庭稳定与幸福的基础；致力于人与社会的和谐，此为社会稳定与健康发展的基础；致力于人与自然的和谐，此为人类生存发展的基础。鞭杆虽然是拳术运动，但一动一静均关乎身体、心理的活动与发展，练习者只有目标明确、立意高远，才能使鞭杆拳成为一项有意义、有价值的运动。

伍 / 鞭杆拳健身功法

鞭杆拳以鞭杆为器械，健身功法十分独特，也更加多样。如，鞭杆长短适度，当练习者手持鞭杆进行健身运动时，鞭杆就如一把尺子，可以使身体中正、平衡；练习者可以利用鞭杆使手臂伸展，利用鞭杆的杠杆作用将关节打开，使腰、腿、肩更加舒展。所以鞭杆不仅增加了鞭杆拳的练习趣味，而且是健身的好帮手。

鞭杆拳的特点

壹 / 拳鞭合一

最长的鞭杆是十三把，最短的掌鞭只有三把。鞭杆易与拳法、腿法结合，并且有单独的拳法内容和独特的功法内容。

技法独特

鞭杆仅把法（持鞭法）就有多种，如阴把（正把）、阳把（反把）、阴阳把、实把（硬把）、虚把（活把）、半把、扣把、叉把、卡把、单把、双把，等等。这诸多的把法演化出丰富多彩的鞭杆拳技法。由于鞭杆是无刃的短棍，易于贴身和换把，为人鞭合一创造了条件，形成了独特的运动特点。

1. 鞭如蛟龙缠身

鞭在腰间粘着缠滚，蓄势藏机，借身之力，有伏龙缠转、伸缩盘旋之势。

2. 鞭如机梭穿插

鞭杆在腰间、腋下、肩上往复穿梭，溜手换把，短兵长用，忽隐忽现，突如其来，难觅踪影，其速如箭。

3. 鞭抽甩如皮鞭

鞭杆轻灵活泼，圆转自如，抽鞭甩鞭时如皮鞭，脆快而极富弹力。

4. 执中首尾相应

手执鞭杆中部，两端阴阳转换、首尾相应，变幻莫测。

综合包容

鞭杆拳吸取众家拳术之长而成，以形意拳的六合理论为基础，吸收了太极拳的用意不用力、舍己从人、借力使力、四两拨千斤，取八卦掌的拧旋转折、进退顺畅、纵横飘逸、声东击西，也具有长拳的舒展大方、动速静定之特点。

由于鞭杆的长度与刀、剑长度相仿，所以刀、剑的精妙技法可以融于其中；鞭杆又与枪、棍有天然的关系，所以枪法、棍法也可自然与之融合。

把位和把法

鞭杆拳执中理法

　　鞭杆拳依据中国古代的太极哲学与中庸理论，采用了独特的"持中用端"的一系列技法，使鞭杆如常山蛇阵，用首则尾应，用尾则首应，用中则首尾相应，变幻莫测。

　　图1-2为鞭杆结构示意图，执中是单手或双手握在鞭杆的A处、B处或C处。B是中段，即鞭杆的正中间，A是把段，C为梢段，三点均在鞭杆的把端与梢端之"中"。如果一手握于鞭杆把段或梢段，另一手半握于鞭杆中段，握中段之手即是执中之手，鞭杆的变化全在执中之手的虚实、转换、进退之变化。

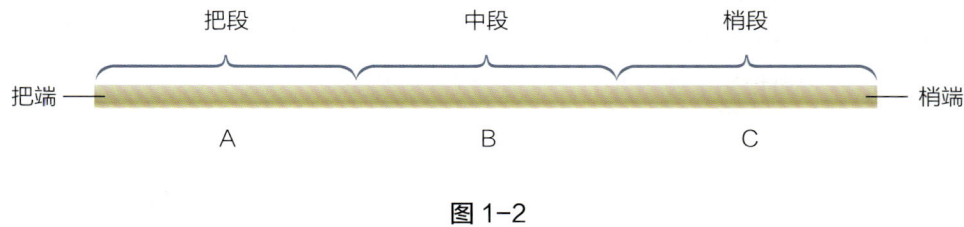

图 1-2

1.执中手的虚实

　　执中手虚握鞭杆或半握鞭杆较松时为虚。执中虚是活把，可以变化，如执中手的阴阳变化、松紧变化、把位变化等。

　　执中手瞬间握紧为实。执中手为实把，是用于发力时的技法（如戳鞭、点鞭、劈鞭等）。

2.执中手的转换

执中手在鞭法运用中处于不停转换的状态。主要有滑把（执中手在鞭杆中段自如滑动）、阳把（执中手换把，手心朝上）、阴把（执中手换把，手心朝下）、虚把（执中手虚握鞭杆中段）、实把（执中手实握鞭杆中段）。

3.执中手的进退

执中手握鞭杆向前滑为进，执中手握鞭杆向后滑为退。

4.倒手换把

此为鞭杆重要的基本技法之一。

倒手不灵，就不能体现出鞭杆的梢把并用；换把不活，则体现不出鞭杆的瞬息多变。倒手是使鞭杆在左右手之间灵活转换，即左右手都有攻防技法，左右两边均可以自如地发力。

换把是左右手可以自如地以各种把法执握于把段或梢段，并使出相应的攻防技法。

5.首尾相应

此为执中法的应用和体现。所谓首尾相应，是指梢把两端的配合与互济，梢把两端可以迅速自如地转换攻防技法，一端防守，另一端进攻，或两端轮流进攻或防守。如把段拦挂，梢端进击；把段拦裹，梢端戳击等。

6.人鞭合一

鞭杆的优势在于它的短。较短的鞭杆可以在两手中灵活变换，利于贴身缠裹穿插，这样就可以充分与身体形成和谐的整力。如戳、劈、挑等鞭法，均是贴身进攻的技法。

7.单双互换

鞭杆拳的技法中既有单手持鞭技法，也有双手持鞭技法，而且单双手持鞭可以自如地转换。单手持鞭可以放长击远，使出独特的抽甩技法，还可以鞭中藏刀、鞭中藏剑。双手持鞭可以使鞭杆贴身，鞭借身力，伸缩自如，使出鞭里有枪、鞭里有棍的技法。

8.鞭杆拳身法

依执中之道，鞭杆拳的身法首先要中正。中正是一切身法的根本，在中正的基础上实现身法的平衡、转折、进退、起落、拧旋，等等。在平衡中求沉稳，在转折中藏变化，在进退中现灵活，在起落中造机势，在拧旋中蕴劲力。

第二章

基本把法

壹 / 阴把（正把）

双手握鞭杆把段或梢段，虎口对着鞭杆中段。（图 2-1）

图 2-1

贰／阳把（反把）

双手握鞭杆把段或梢段，小指侧对着鞭杆中段。（图2-2）

图 2-2

叁 / 阴阳把

两手同时握鞭杆把段或梢段，一手小指侧对着鞭杆中段，另一手虎口对着鞭杆中段。（图2-3）

图2-3

肆 / 实把、虚把

左手为实把，右手为虚把。（图 2-4）

图 2-4

伍／半把

右手为半把，但非虚握鞭杆。（图 2-5）

图 2-5

陆
扣把

一手握把段或梢段，拇指扣于顶端。（图 2-6）

图 2-6

柒  / 叉把

叉把由阴阳把变化而来，在阴阳把的基础上，一手实把，另一手虚把，两手可以交互转变。（图2-7、图2-8）

图 2-7

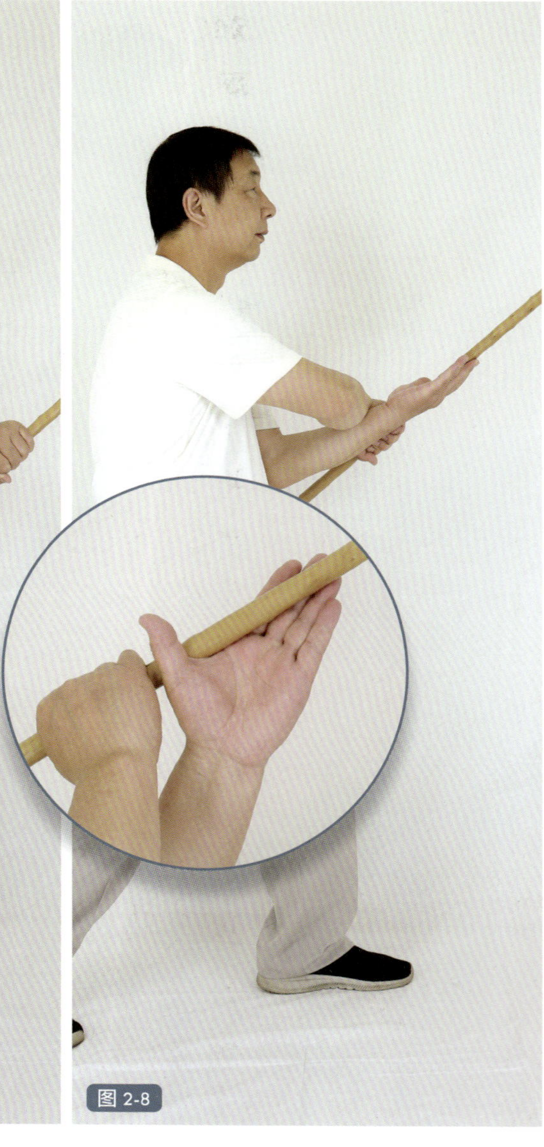

图 2-8

捌／卡把

虎口卡在把段或梢段，手心向上，鞭杆可以垂直于地面或贴于小臂外侧。（图2-9、图2-10）

图2-9

图2-10

第三章

特色功法

壹／点棉球

点棉球

| 器材 |

自制一直径 10 厘米的棉球，系绳吊起。（图 3-1）

| 方法 |

双手或单手执鞭杆，变换握鞭法、步法、身法，以鞭杆的两头点击棉球。（图 3-2～图 3-4）

| 要领 |

点击棉球时要稳、轻、快，最好是在棉球不停摆动的过程中点击。

图 3-1

图 3-2

图 3-3

图 3-4

贰 / 抽袋子

抽袋子、崩袋子、戳袋子

器材

一个立式沙袋。

方法

双手或单手执鞭杆，变换握鞭法、步法和身法，用鞭杆梢段抽击沙袋。（图3-5~图3-8）

要领

鞭杆接触沙袋时要握紧鞭杆，使力达鞭杆梢段。

图 3-5

图 3-6

图 3-7

图 3-8

参 / 崩袋子

| 器材 |

一个立式沙袋。

| 方法 |

单手持鞭杆，变换步法和身法，用鞭杆梢段崩击沙袋底部；点击沙袋上部或中部。（图3-9、图3-10）

| 要领 |

崩鞭发力时是坐腕，点鞭发力时是提腕。不发力时可以松握鞭杆，保持手腕轻松灵活。人鞭要协调，要以身带鞭。

图 3-9

图 3-10

肆 / 戳袋子

｜ 器材 ｜

一个立式沙袋。（图 3-11）

｜ 方法 ｜

双手或单手执鞭杆，变换握鞭法、步法、身法，以鞭杆的两头点、戳、刺沙袋。（图 3-12、图 3-13）

｜ 要领 ｜

鞭杆接触沙袋时要握紧鞭杆，使力达鞭头。

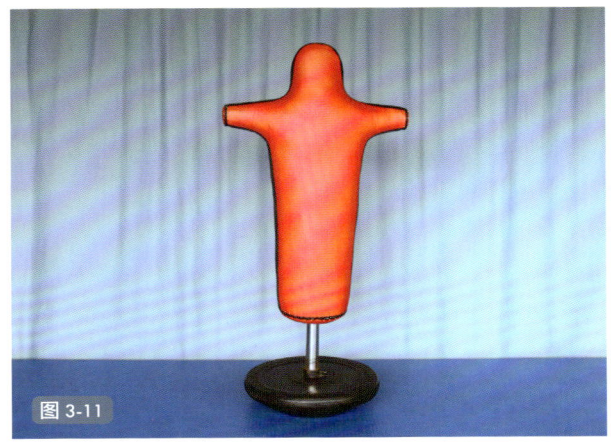

图 3-11

图 3-12

图 3-13

伍 / 劈袋子

劈袋子

器材

将一个沙袋平放于地面。（图 3-14）

方法

双手或单手执鞭杆，变换握鞭法、步法和身法，用鞭杆梢段劈击沙袋。（图 3-15～图 3-18）

要领

鞭杆接触沙袋时要握紧鞭杆，使力达鞭杆梢段。

图 3-14

图 3-15

图 3-16

图 3-17

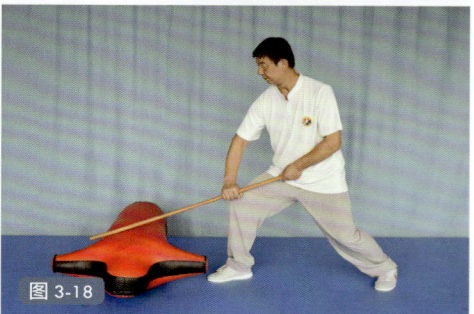

图 3-18

陆
搅轮子

搅轮子

器材

备一车轮，使之悬空。（图 3-19）

方法

双手或单手执鞭杆，变换握鞭法、步法和身法，将鞭杆梢段插入车轮中，搅转轮子。（图 3-20）

要领

搅转时要握紧鞭杆，使力达鞭杆梢段；鞭杆尽量与轮子粘转。

图 3-19

图 3-20

柒
刮桩子

刮桩子

| **器材** |

找一棵树或一个竖桩。（图3-21）

| **方法** |

双手或单手执鞭杆，面对树或竖桩，变换握鞭法、步法和身法，用鞭杆梢段上下弧形刮击树或竖桩，刮击的最高点与肩同高。（图3-22、图3-23）

| **要领** |

鞭杆接触树或竖桩时要握紧鞭杆，使力达鞭杆梢段。

图 3-21

图 3-22

图 3-23

捌 缠圈子

| 器材 |

备一直径约 50 厘米（1.5 尺）的皮圈。

| 方法 |

双手或单手执鞭杆，变换握鞭法、步法和身法，用鞭杆梢段缠转皮圈。（图 3-24、图 3-25）

| 要领 |

缠转皮圈时要握紧鞭杆，使力达鞭杆梢段，鞭杆尽量与皮圈粘缠。

图 3-24

图 3-25

第四章

肆

松活膀臂、腰胯、
腕掌指的功法

壹／无极转圈松活膀臂

1 两脚左右开立，双膝略屈。两手执鞭杆中段，两虎口相对，两臂放松下垂，使鞭杆水平贴于下腹部。目视前方。（图4-1）

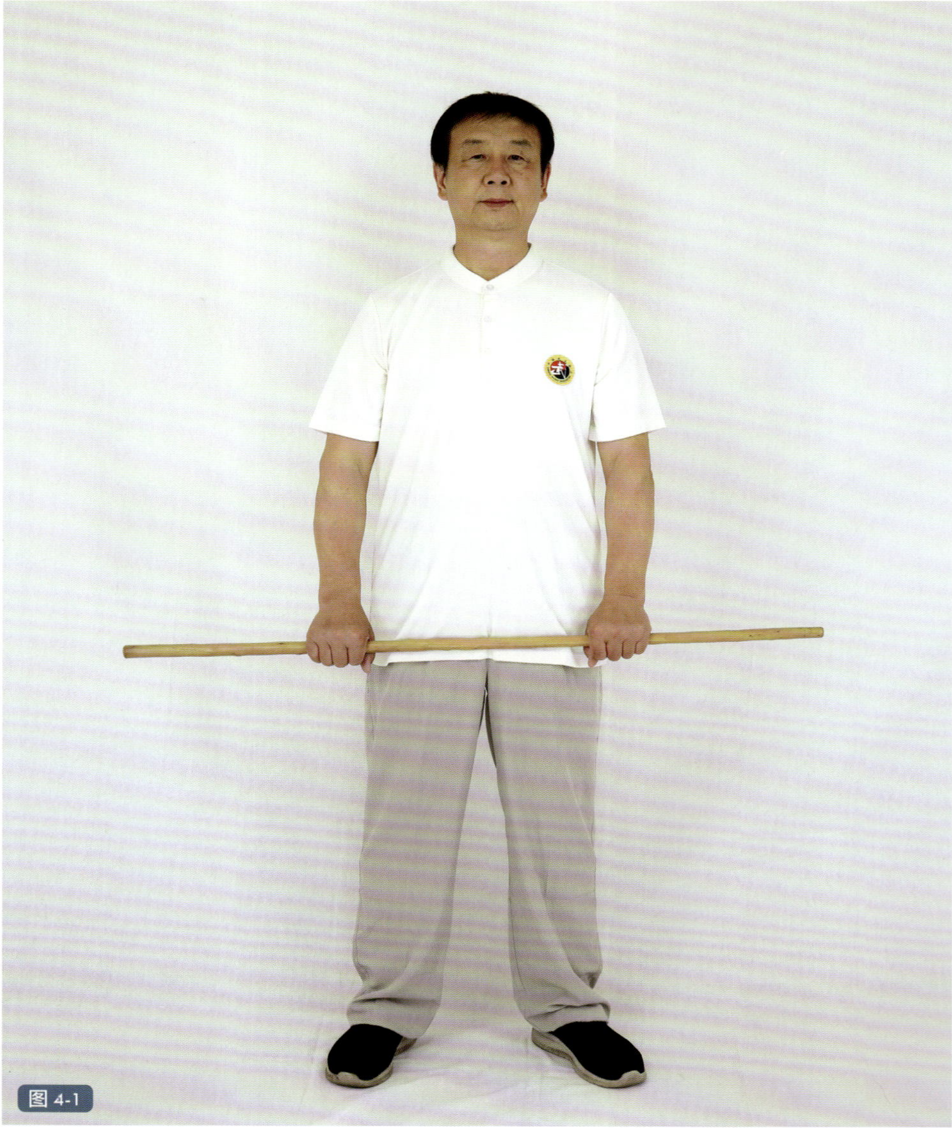

图4-1

2 两手虚握鞭杆，两肘略屈，顺时针或逆时针转臂绕环。（图4-2～图4-5）

图4-2

图4-3

图4-4

图4-5

| 说明 |

顺时针与逆时针旋转方法的要领相同。可以重复训练，配合左右开立步、前后开立步、进步、退步、盖步、插步等步法练习。

| 要领 |

手持鞭杆转臂绕环时要走额状面，如面向南，鞭杆指向东西方向；如面向东，则鞭杆指向南北方向。绕环时鞭杆不可远离身体，身体重心可以随鞭杆的左右运动而同步移动。

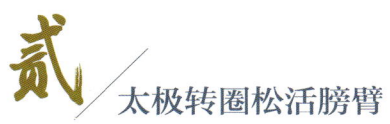

贰／太极转圈松活膀臂

转太极溜手换把是鞭杆拳中基本、核心的功法技法之一，重点训练换把、滑把和鞭杆两端的互换。

1 两脚左右开立，双膝略屈。两手执鞭杆中段，两虎口相对，两臂放松下垂，使鞭杆水平贴于下腹部。目视前方。（图4-6）

2 左手虚握鞭杆，两肘略屈，鞭杆梢端向左伸出；同时，左手滑把至右手旁。目视左前方。（图4-7）

图 4-6

图 4-7

3 鞭杆梢端顺时针旋转至上方；同时，左手换把，虎口对着梢段，弧形提至胸前。目视左前方。（图4-8）

4 鞭杆继续顺时针向右转动；同时，右手换把握于鞭杆梢段。目视鞭身。（图4-9）

5 鞭杆继续顺时针向右、向下转动至原始状态。目视前方。（图4-10）

图 4-8

图 4-9

说明

可以连续重复练习，也可以变换为逆时针方向练习。

要领

鞭杆转环换把时要走额状面，如面向南，鞭杆先指向东西方向，再转向上；如面向东，则鞭杆先指向南北方向，再转向上。转环时鞭杆不可远离身体，身体重心可以随鞭杆的左右运动而调整。

图 4-10

叁
握鞭转肩拉筋开肩

握鞭转肩
（过杆转肩）

1 两脚左右开立，双膝略屈。两手执鞭杆中段，两虎口相对，两臂放松下垂，使鞭杆水平贴于下腹部。目视前方。（图 4-11）

图 4-11

2 两臂伸直，将鞭杆缓缓上举；同时，两手滑向鞭杆的两端，鞭杆经头上转至身后，再从身后经头上转回腹前。（图 4-12~图 4-15）

图 4-12

图 4-13

图 4-14

图 4-15

| 说明 |

可以重复练习，注意循序渐进。鞭杆过肩时可以松握。

| 要领 |

在转肩过杆的过程中，两臂保持伸直。两手握杆的距离由大开始，随着肩部韧带的逐渐拉伸，两手握杆的距离可逐渐缩小。不可勉强，否则容易受伤。

肆 中节缠腰松活腰胯

1 两脚开立，屈膝。两手握鞭杆把段与梢段，使鞭杆中段贴于丹田部位。（图 4-16）

图 4-16

2 依次向后转动两臂，使鞭杆中段贴丹田部位缠转。鞭杆把端与梢端在身体两侧依次向后画圆，重心随之左右移动。目视前方。（图 4-17～图 4-22）

图 4-17

图 4-18

图 4-19　　图 4-20

图 4-21　　图 4-22

| 说明 |

　　可以重复练习。注意不要扭膝，要略转胯。

| 要领 |

　　此功法也称为搅丹田或转丹田。两手握鞭不可过紧，两肩松平，立身中正；转动柔和圆活，鞭不离身。鞭杆也可以向前缠转。

伍／顺逆缠鞭松活手腕

顺逆缠鞭
松活手腕

1 两脚前后开立，双膝略屈，以稳定舒适为度。右手阳把握鞭杆把段，鞭杆梢段高与头平，左手下按于身体左侧。目视前方。（图 4-23）

2 右手转腕，使鞭杆顺时针旋转画成一圆，直径约 66 厘米（2 尺）。目视前方。（图 4-24～图 4-26）

图 4-23

图 4-24

图 4-25

图 4-26

| 说明 |

可以连续重复练习，顺时针、逆时针缠转均要练习。可以配合开立步、进步、退步等步法练习。左右式相同。

| 要领 |

缠鞭要力达鞭杆梢段，手腕松活有力。

陆／顺逆舞花松活手腕

1 两脚前后开立，双膝略屈，以稳定舒适为度。右手阳把握鞭杆把段，鞭杆梢段高与头平，左手下按于身体左侧。目视前方。（图4-27）

2 剪腕花。右手外旋转腕，使鞭杆在身体右侧向下、向右后再向上旋转回到前上方，画成一圆。目视前方。（图4-28～图4-30）

3 撩腕花。右手外旋转腕成卡把，使鞭杆向下、向右后再向上旋转回到前上方，画成一圆。目视前方。（图4-31～图4-36）

图4-27　图4-28

图4-29　图4-30

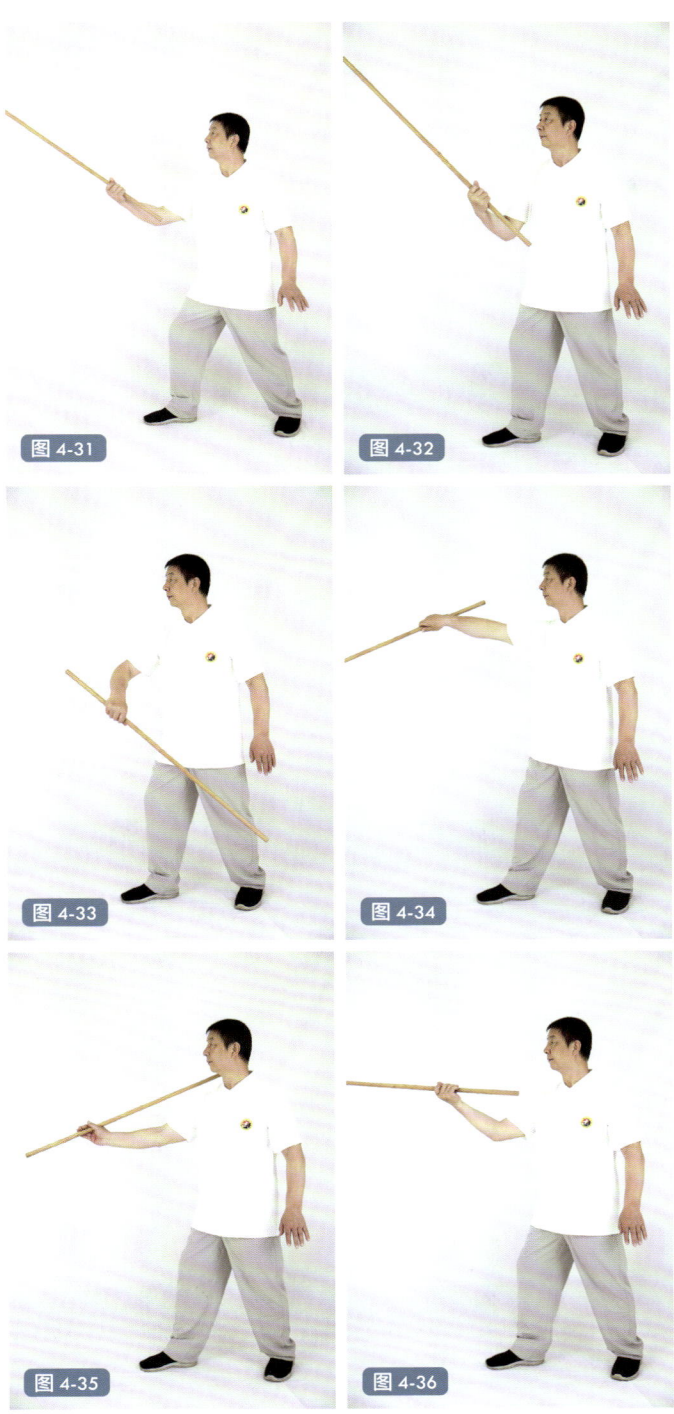

图 4-31

图 4-32

图 4-33

图 4-34

图 4-35

图 4-36

说明

可以连续重复练习。可以配合开立步、进步、退步等步法练习。此动向前转（如车轮向前转）为剪腕花，此动向后转（如车轮向后转）为撩腕花。左右式相同。

要领

舞花转鞭要使鞭杆在身体左右两侧，不可离身体太远。手腕要松活有力，使力达鞭杆梢段。

柒 撩点鞭松活腕掌指

撩点鞭
（松活手腕）

1 两脚前后开立，双膝略屈，以稳定舒适为度。右手阳把握鞭杆把段，鞭杆高与腰平，左手下按于身体左侧。目视前方。（图4-37）

图 4-37

2 右手外旋转腕上撩成卡把，手心向上，鞭杆梢段高与头平。目视前方。（图 4-38）

3 右手内旋转腕下点成阳把，鞭杆梢段高与腰平。目视前方。（图 4-39）

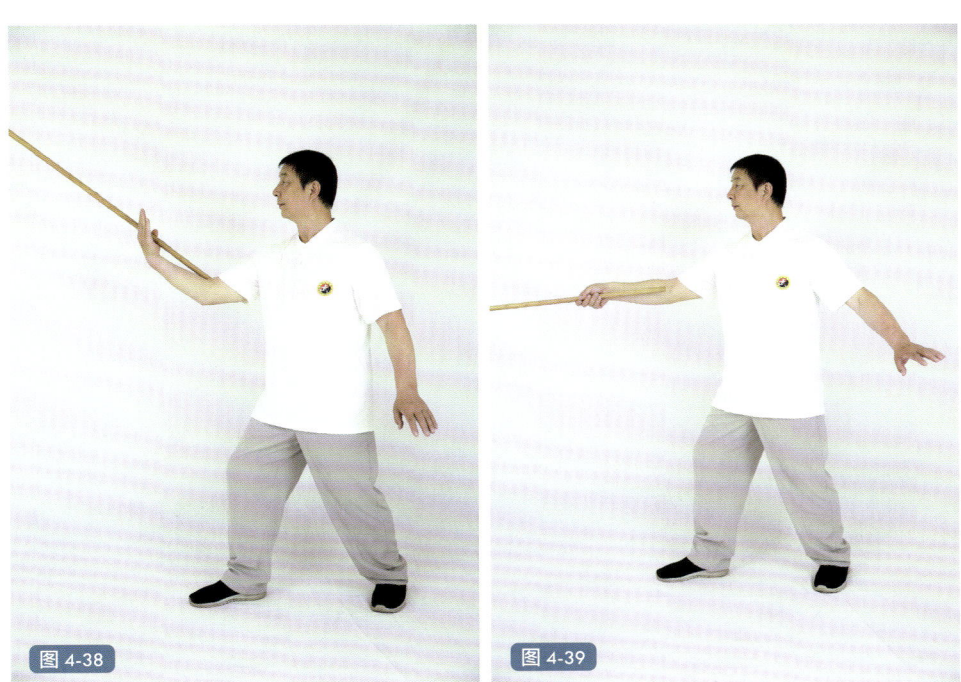

图 4-38   图 4-39

｜ **说明** ｜

可以连续重复练习。可以配合开立步、前后开立步、进步、退步等步法练习。左右式相同。

｜ **要领** ｜

上撩鞭时要使鞭把贴于小臂外侧，以稳定和借力；下点鞭时要略提腕，使力达鞭杆梢段。撩与点的过程中均要手腕松活。鞭杆撩与点均走矢状面，如面向南，鞭杆指向南北方向；如面向东，则鞭杆指向东西方向。

捌 / 翻鞭松活腕掌指

翻鞭活腕

1 两脚左右开立，双膝略屈。两手握鞭杆中段，两虎口相对，鞭杆高与腰平。目视前方。（图4-40）

2 右手臂外旋，使鞭杆顺时针旋转180°；左手按于鞭杆上，在右手小指旁。（图4-41）

3 右手臂内旋，使鞭杆逆时针旋转180°；左手托鞭杆，在右手虎口旁。（图4-42）

图4-40

图4-41

图4-42

4 右手臂外旋，使鞭杆顺时针旋转180°；左手换把，成阴把握鞭杆中段，右手成托鞭杆之势。（图4-43）

5 左手臂外旋，使鞭杆逆时针旋转180°；右手按于鞭杆上，在左手小指旁。（图4-44）

图4-43

图4-44

| 说明 |

转腕翻鞭可以训练手脑的协调性。转动可由慢至快，翻鞭要有节奏和弹性。

| 要领 |

两手翻鞭互换过程中，尽量使握鞭的手在鞭杆中段，这样鞭杆两边力量平衡，易于翻转。

溜手滑把、换把功法

溜手滑把八道法（"米"字）

　　鞭杆拳溜手滑把八道法也称为"米"字八道或"十"字八道（正"十"字、斜"十"字），即鞭杆的把端与梢端运行的路线是一个"米"字形，但并不按"米"字的笔顺运行，可以从任意一笔开始，重在变向与滑把。此法是鞭杆拳中基本的、核心的功法技法之一。

1　两脚左右开立，双膝略屈。两手执鞭杆中段，两虎口相对，使鞭杆水平贴于下腹部。目视前方。（图 5-1）

图 5-1

2 重心右移，身体稍右转；同时，右手滑至把端，左手向右水平推鞭杆至梢端指向前方（相当于"米"字第 3 笔——横的左半部分），左手滑把至右手前。目视前方。（图 5-2、图 5-3）

图 5-2

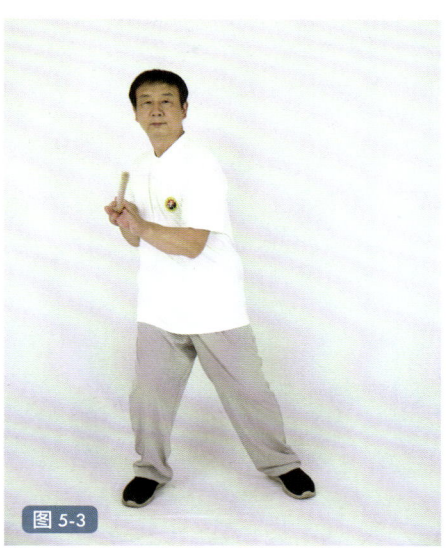

图 5-3

3 重心左移，身体左转；同时，左手滑至梢端，右手向左水平推鞭杆至把端指向前方（相当于"米"字第 3 笔——横的右半部分），右手滑把至左手前。目视前方。（图 5-4、图 5-5）

图 5-4

图 5-5

4 重心右移，身体右转；同时，左手由左后方滑把，左手推鞭杆至梢端指向前方（相当于"米"字的第1笔——点），左手滑把至右手前。目视前方。（图5-6、图5-7）

图 5-6

图 5-7

5 重心左移，身体左转；同时，右手由右后方滑把，右手推鞭杆至把端指向前方（相当于"米"字的第2笔——撇），右手滑把至左手前。目视前方。（图5-8、图5-9）

图 5-8

图 5-9

6 重心右移，身体右转；同时，左手由左后方滑把，使鞭杆由上下落至梢端指向前方（相当于"米"字第4笔——竖的上半部分），左手滑把至右手前。目视前方。（图5-10、图5-11）

图 5-10

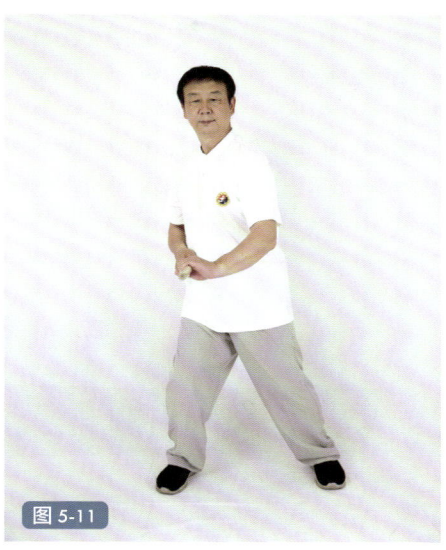
图 5-11

7 重心左移，身体左转；同时，右手由右后方滑把，使鞭杆由上下落至把端指向前方（相当于"米"字第4笔——竖的上半部分），右手滑把至左手前。目视前方。（图5-12、图5-13）

图 5-12

图 5-13

8 重心右移，身体右转；同时，左手由左后下方滑把，左手推鞭杆至梢端指向前方（相当于"米"字的第 6 笔——撇），左手滑把至右手前。目视前方。（图 5-14、图 5-15）

图 5-14

图 5-15

9 重心左移，身体左转；同时，右手由右后下方滑把，使鞭杆上撩至把端指向前方（相当于"米"字的第 6 笔——捺），右手滑把至左手前。目视前方。（图 5-16、图 5-17）

图 5-16

图 5-17

10 重心右移，身体右转；同时，左手由左后下方滑把，挑鞭杆至梢端指向前方（相当于"米"字第4笔——竖的下半部分），左手滑把至右手前。目视前方。（图5-18、图5-19）

图 5-18

图 5-19

11 重心左移，身体左转；同时，右手由右后下方滑把，挑鞭杆至把端指向前方（相当于"米"字第4笔——竖的下半部分），右手滑把至左手前。目视前方。（图5-20、图5-21）

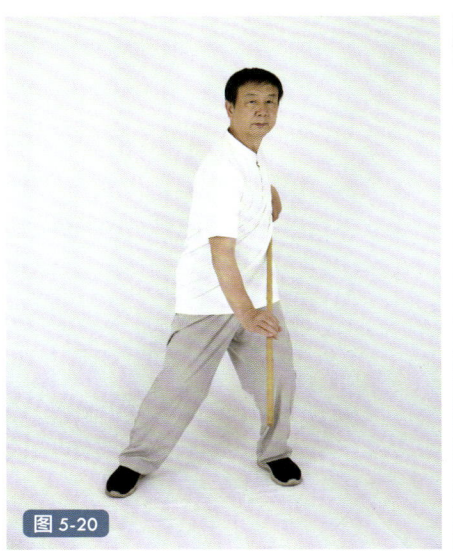

图 5-20

图 5-21

| 说明 |

此法练习不限起手从何处开始，可以从任意一点开始，循环往复。可以配合进步、退步等步法练习。可以重复练习。左右式相同。

| 要领 |

滑把顺遂，力达鞭杆前端，身体重心移动与滑把走鞭应协调一致。

贰／肘后换把

肘后换把
（肘后背挎）

1 两脚开立，右手持鞭杆把段。目视前方。（图5-22）

图 5-22

图 5-23

2 右手臂屈肘，右手持鞭杆把段，
把端转向上，鞭杆中段贴于右肘
后，左手在右肘下方握鞭杆。目
视前方。（图5-23、图5-24）

图 5-24

图 5-25

图 5-26

3 右手松开，左手持鞭杆，使把端转向上。目视前方。（图 5-25、图 5-26）

4 左手臂屈肘，左手持鞭杆梢段，梢端转向上，鞭杆中段贴于左肘后，右手在左肘下方握鞭杆。目视前方。（图 5-27）

图 5-27

| 说明 |

　　肘后换把可以按顺序练习，也可以按相反顺序练习。可以配合进步、退步等步法练习。可重复练习。左右式相同。

| 要领 |

　　肘后换把过程中有滑把，动作要流畅、协调、圆活。

第六章

腰腿劲力功法

壹／前后翻胯（鼓波浪）

前后翻胯

翻胯功法是内家拳的核心功法之一，正确翻胯会产生腰间鼓荡的劲力，这种劲力也是丹田劲的一种。由于腰胯位于人体核心部位，故现代体育也将这种劲力称为核心劲力。鞭杆拳的优势是它利用了鞭杆练习中翻胯这个核心技术，练习者比较容易找到感觉，而且不容易做错。

1 两脚开立，与肩同宽。两手握鞭杆于身后，两虎口相对，手心向后。目视前方。（图6-1）

图6-1

2 两手先提鞭杆至第一腰椎处，随即屈膝下蹲，同时，两手握鞭向下，使鞭杆中段贴着背部下移至大腿后部，此时骨盆后倾，尾闾向前移，命门向后移，后背挺直，垂直于地面。目视前方。（图6-2、图6-3）

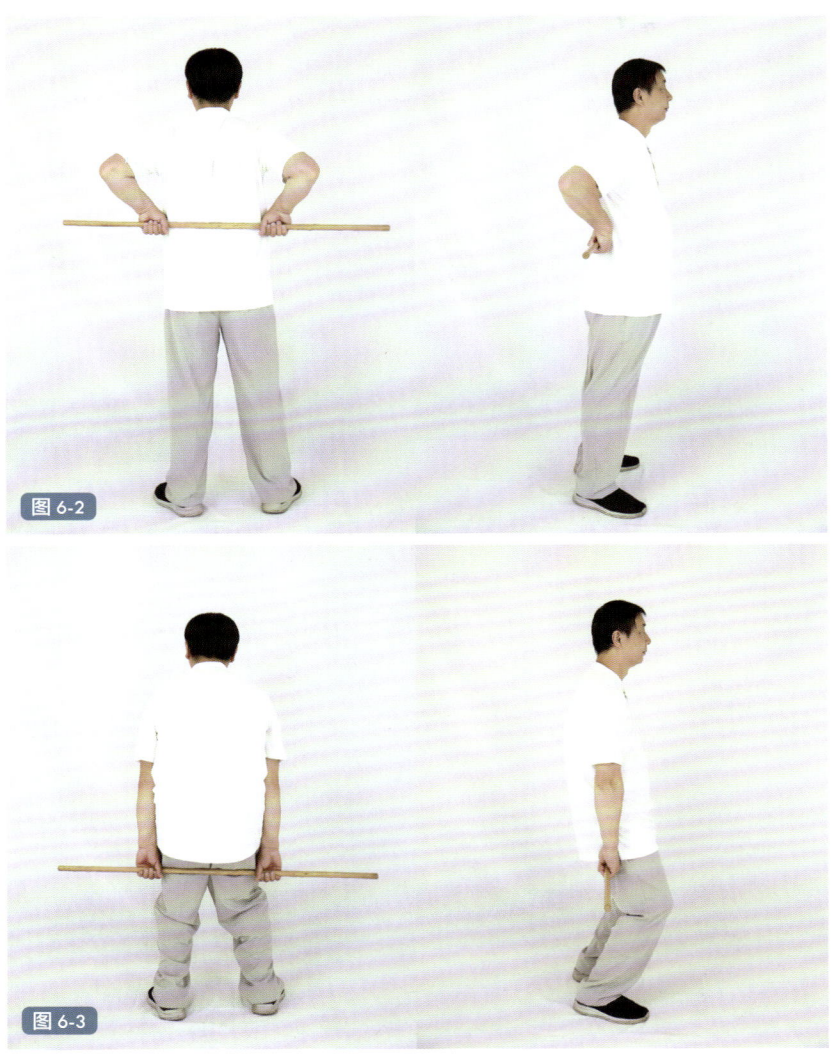

图 6-2

图 6-3

| 说明 |

此动作可以重复练习，但每组以20次左右为宜，每天做1~2组。

| 要领 |

此功法练习时要柔和缓慢，动作不可僵硬，下蹲时应全脚掌着力。

贰 / 蹬腿送胯（鸡步功）

蹬腿送胯
（鸡形步）

内家拳极重送胯功，通过送胯实现"消息全凭后脚蹬""运转丹田力""鸡腿龙身熊膀"等动作的劲力发放。

1 自然松静站立。两手阴把执鞭杆中段，使鞭杆水平贴于下腹部。目视前方。（图 6-4）

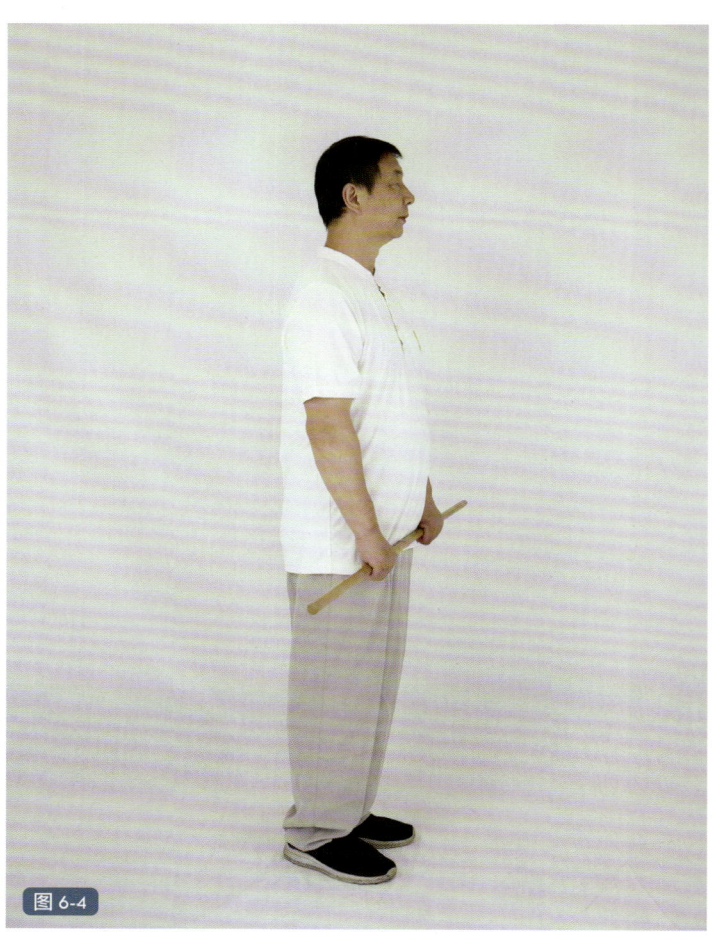

图 6-4

图 6-5

2 身体右转并下沉，鞭杆梢端转向前；随即左脚向前方迈进一步，右脚跟进；同时鞭杆梢端向前平戳。目视前方。（图 6-5~图 6-7）

图 6-6

图 6-7

3 左脚向前半步；同时，身体左转，两手持鞭杆向后上方送去。目视鞭梢。（图 6-8）

图 6-8

图 6-9

图 6-10

4 右脚向前方迈进一步，左脚跟进；同时，执鞭杆把端向前平戳。目视前方。（图6-9~图6-11）

图 6-11

说明

上述步法为形意拳之鸡步，可以直线或曲线往复练习，旨在训练腿部的力量与灵活性。刚开始练习时，动作要柔和缓慢，步幅不宜过大，待有一定基础后可逐步加大步幅、加快速度。

要领

后腿蹬地伸展似以船篙撑水，身体似船前行。蹬右腿时意在将左胯送出，使左足有前蹬之意。左右式相同。

参／左右抖胯（鱼打挺）

抖胯是内家拳发力的核心方法，胯部集合了人体中部（含大腿部、臀部、腰腹部）最强大的肌肉群，是核心部位，抖胯劲就是要整合核心部位的所有肌群，使之协同用力，发挥出最大的劲力效能。形意拳的抖胯劲也称"鱼打挺劲"，发力的胯连着蹬地的脚，发力时体现出脚、胯、腰的联动，"外胯好似鱼打挺"形容得非常形象，是因为前辈们明白和体会到了内家拳抖胯劲的爽快和酣畅。

1 两脚开立，与肩同宽，两膝微屈。两手握鞭杆中段于腹前，两虎口相对。目视前方。（图6-12）

图6-12

图 6-13

② 鞭杆贴身不离，身体先缓慢向右后方转，此时鞭杆把端向右后方转了约 45°；随即身体向左回转，边回转边加速，转至右前方时抖胯发劲，此时鞭杆把端转了约 90°。目视前方。（图 6-13～图 6-15）

图 6-14

图 6-15

3 鞭杆贴身不离，身体先缓慢向左后方转，此时鞭梢向左后转了约45°，随即身体向右回转，边回转边加速，转至左前方时抖胯发劲，此时鞭杆梢端转了约90°。目视前方。（图6-16～图6-19）

6 图-16

图 6-17

图 6-18

图 6-19

| 说明 |

此动作可以重复练习。若体力允许，可适当加强练习，但要注意，腹部、腰部如有不适，应停止练习并查找原因，以免受伤。在练习时可以在把端和梢端两边加上圆转画圈的动作，这样可以帮助蓄力。

| 要领 |

动作要先柔后刚，先慢后快，柔多刚少。开始练习时应多体会柔劲，待动作顺畅协调后再逐渐加力、加速。抖胯发力时要鞭人合一，使力达鞭杆前端。

第七章

鞭杆拳单点子
与破点子

　　单点子是鞭杆拳的单式练习，单式练习在掌握鞭杆技法的过程中最为重要，每一个单点子都含有攻防两方面的技法，一个单点子就是一个攻防组合。只有进行大量的单式重复练习，才有可能做到动作规范、力道充足、要领准确、技法清晰、目标明确、攻防实用。每一个单点子都需要变换不同的力道、速度、方位进行练习，以达到手、眼、身法、步内外协调一致的状态。

　　破点子也称破法，即鞭杆拳的拆招练习，是各种攻击招式的破解方法。破点子在单点子练习的基础上破解单点子的攻法，并通过特定的练习方法来掌握。破点子也是掌握鞭杆拳技法过程中很重要的一个学习环节，通过破点子练习方能明白动作的要领与真实含义，在明白的基础上才能进行更加深入的学习和训练。

预备势

壹 / 单手执鞭预备势

　　两脚前后开立，右手持鞭杆把段，目视前方。
　　左右式方法相同。（图7-1、图7-2）

图7-1　　图7-2

| 要领 |

步幅可大可小，以感觉舒适得力为宜。重心可以前后移动，身体也可以左右转动，以灵活自然、稳定且能快速移动为准。

双手执鞭预备势

两脚前后开立，约与肩同宽，左脚在前，脚尖向前；右脚在后，脚尖外撇45°；两膝微屈，重心略偏后，站成三体式。同时，两手阴把持鞭，右手握鞭杆把段贴于右腹部；左手握鞭杆中段在心口前，梢端指向前，高与心口平。目视前方。

左右式方法相同。（图7-3、图7-4）

图7-3　　图7-4

| 要领 |

两手执鞭杆，把距可长可短，前手可松握、可紧握，依具体情况而定。步幅可大可小，以感觉舒适得力为宜；重心可前后移动，身体也可以左右转动，以灵活自然、稳定且能快速移动为准。

五行鞭点子

　　五行鞭点子由形意五行拳变化而来（形意五行拳中有劈拳，所以这里有劈点子，与后文中的劈点子名称相同，但动作不同），本来形意五行拳就是化枪成拳，所以由拳再化为鞭杆则自然而且简明。五行鞭对于形意五行拳和鞭杆技法均有益，两者相辅相成，结合自然，简明、简要，易学、有趣、实用。

 **壹** / 劈点子

劈点子
（讲解）

劈点子
（连贯动作）

> 　　劈拳在形意五行拳中位于首位，这表明了它的基础性和重要性；在鞭杆拳中，劈点子技法也居于首位。在武术中，人们习惯于称刀剑的搏击术为劈刺术，可见短兵技法均以劈为首要技法。

1. 右式

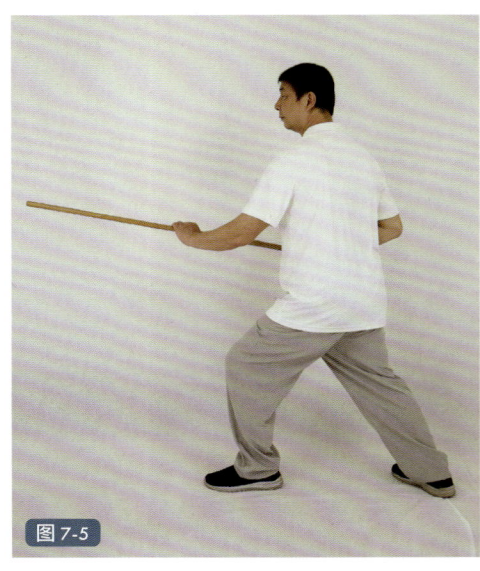

图 7-5

1 双手执鞭预备势。（图 7-5）

2 重心略后移，左脚脚尖外撇约 45°；随即重心前移，身体左转，右脚脚跟略提起。同时，左手滑把握于鞭杆梢段，右手滑把握于鞭杆中段，鞭杆把段由下向上弧形上刮，高与头平。目视前方。（图 7-6、图 7-7）

图 7-6

图 7-7

3 右脚向前跨出一步落地，左脚跟进半步。同时，上体左转，两手执鞭杆下劈，鞭杆把端高与心口平，左手握鞭杆贴于腰左侧。目视前方。（图 7-8）

图 7-8

2. 左式

动作说明同劈点子右式。（图7-9～图7-11）

图7-9

| 说明 |

劈点子左右式相同，可以重复练习，可以采用开立步、进步、退步、绕步等步法练习。

图7-10

| 要领 |

（1）在刮鞭、劈鞭的换式过程中，鞭杆始终不离身，要粘缠着腰腹进行。

（2）刮鞭、劈鞭时，力点在鞭杆的前段。

（3）开始练习时要力求柔和、连贯、协调，待熟练后可以加力、加速。如要发力，两手均要握紧鞭杆。

图7-11

｜ 破法 ｜

对方用刀、剑、棍等武器向我正面劈来。

我身法、步法要依势闪展，双手执鞭由下而上，用鞭杆梢段触刮对方器械中段或梢段，使其改变方向转向一旁。随即，我回锋下劈对方头部。（图 7-12~ 图 7-14）

劈点子
（对练讲解）

劈点子（对练连贯动作）

崩点子
（讲解）

崩点子
（连贯动作）

贰／崩点子

崩点子如崩拳，用鞭杆两端依次向前平戳。戳是鞭杆拳中相对简易、好学、实用的技法。

1. 右式

1 双手执鞭预备势。（图7-15）

2 重心略后移，左脚脚尖外撇约45°；随即重心前移，身体左转，右脚脚跟略提起。同时，左手滑把握于鞭杆梢段，右手滑把握于鞭杆中段，将鞭杆把段向前弧形下压，高与腰平。目视前方。（图7-16、图7-17）

图 7-15

图 7-16

图 7-17

3 右脚向前跨出一步落地，左脚跟进半步。同时，上体左转，两手执鞭杆戳出，把端高与心口平，左手握鞭杆贴于腰左侧。目视前方。（图 7-18）

图7-18

2. 左式

动作说明同崩点子右式。（图 7-19～图 7-21）

图 7-19

图 7-20

图 7-21

| 说明 |

崩点子左右式相同，可以重复练习，可以采用开立步、进步、退步、绕步等步法练习。

| 要领 |

（1）在压鞭、戳鞭的换式过程中，鞭杆始终不离身，要粘缠着腰腹进行。

（2）压鞭力点在鞭杆梢段，戳鞭力点在梢端。

（3）开始练习时要力求柔和、连贯、协调，待熟练后可以加力、加速。如要发力，两手均要握紧鞭杆。

破法

对方用刀、剑或棍向我中部刺击或戳击。

我身法、步法要依势闪展，双手执鞭杆把段，用梢段格、拦、压，随即戳击对方中部。（图7-22~图7-24）

图7-22

崩点子
（对练讲解）

崩点子（对练连贯动作）

图7-23

图7-24

叁 / 钻点子

钻点子
（讲解）

钻点子
（连贯动作）

钻拳是一拳横拳顾法、另一拳钻拳进击，钻点子如钻拳，用鞭杆一头缠压防守，随即变换姿势、方向，直接用鞭杆前端钻击，简捷灵便。

1. 右式

1 双手执鞭预备势。（图 7-25）

2 重心略后移，左脚脚尖外撇约 45°；随即重心前移，身体左转，右脚脚跟略提起。同时，左手滑把握于鞭杆梢段，右手滑把握于鞭杆中段，将鞭杆把段向前弧形下压，高与腰平。目视前方。（图 7-26）

图 7-25

图 7-26

3 右脚向前跨出一步落地，左脚跟进半步。同时，上体左转，两手执鞭杆钻出，把端高与头平，左手握鞭杆贴于腰左侧。目视前方。（图 7-27）

图 7-27

2. 左式

动作说明同钻点子右式。（图 7-28、图 7-29）

图 7-28　　图 7-29

| 说明 |

钻点子左右式相同，可以重复练习，可以采用开立步、进步、退步、绕步等步法练习。

| 要领 |

（1）在压鞭、钻鞭的换式过程中，鞭杆始终不离身，要粘缠着腰腹进行。压鞭与钻鞭挑的力点均在鞭杆梢段，在钻的过程中力点前移至鞭杆梢端，同时有向前、向上钻之意。

（2）开始练习时要力求柔和、连贯、协调，待熟练后可以加力、加速。如要发力，两手均要握紧鞭杆。

破法

对方用刀、剑或棍向我中部刺击或戳击。

我向一旁闪身，同时用鞭杆把段下压对方器械，随即用把端钻击对方上身。（图7-30~图7-32）

钻点子
（对练讲解）

钻点子（对练连贯动作）

图7-30

图7-31

图7-32

炮点子
（讲解）

炮点子
（连贯动作）

肆 / 炮点子

炮拳为一拳穿顾、另一拳崩拳进击，炮点子如炮拳，用鞭杆一头上穿防顾，随即以鞭杆另一头进击，简捷灵便。

1. 右式

1 双手执鞭预备势。（图 7-33）

2 左脚略回收，同时，用鞭杆梢段向上穿挂。目视鞭杆梢段。（图 7-34）

图 7-33

图 7-34

3 左脚进半步，右脚跟进；同时，两手执鞭，左手后拉，右手前推；用鞭杆把端向前推戳，高与眼平，此时鞭杆与地面平行。目视鞭杆把端。（图 7-35）

图 7-35

2. 左式

动作说明同炮点子右式。（图 7-36、图 7-37）

图7-36   图7-37

| 说明 |

炮点子左右式相同，可以重复练习，可以采用开立步、进步、退步、绕步、顺步、拗步等步法练习。

| 要领 |

（1）在穿鞭、推戳的过程中两手要分工合作。穿鞭时，鞭杆梢段为防守，左手主导，力点在上段外侧；推戳时为进攻，右手主导，力点在前端。

（2）穿鞭时，鞭杆中段要粘缠着腰腹向上穿行。

（3）开始练习时要力求柔和、连贯、协调，待熟练后可以加力、加速。如要发力，两手均要握紧鞭杆。

破法

对方用刀、剑或棍向我头部刺击或戳击。

我用鞭杆梢段穿挂开对方器械，随即用鞭杆把端戳击对方。（图 7-38、图 7-39）

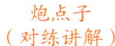

炮点子
（对练讲解）

炮点子（对
练连贯动作）

图 7-38

图 7-39

横点子
（讲解）　　横点子
（连贯动作）

伍／横点子

横拳在形意五行拳中处于核心地位，是形意五行拳之根。横拳的所谓"横拳不见横"其实就是转、旋、拧、缠。"横为一圆神"，圆是攻防转换、以弱胜强、协调周身的基础技法。横点子如横拳，鞭杆前后运动，力点在鞭杆的里侧或外侧。

1. 右式

1 双手执鞭预备势。（图 7-40）

2 左脚向左前方进步，随即身体左转，右脚跟步。左手滑把握于鞭杆梢段，右手滑把握于鞭杆中段，将鞭杆把段内侧向前推搓而出。目视鞭杆把端。（图 7-41）

图 7-40

图 7-41

2. 左式

左脚向前半步，随即身体右转，右脚进步，左脚跟步。右手滑把握于鞭杆把段，左手滑把握于鞭杆中段，将鞭杆梢段内侧向前推搓而出。目视鞭杆梢端。（图 7-42、图 7-43）

图 7-42

图 7-43

| 说明 |

横点子可以重复练习，可以采用开立步、进步、退步、绕步、顺步、拗步等步法练习。

| 要领 |

（1）力点在鞭杆前段里侧，鞭杆贴身。

（2）开始练习时要力求柔和、连贯、协调，待熟练后可以加力、加速。如要发力，两手均要握紧鞭杆。

破法

对方用刀、剑或棍向我头部进攻。

我用鞭杆前段推搓开对方器械，随即用鞭杆另一端挫击对方。（图 7-44~ 图 7-46）

横点子
（对练讲解）

横点子（对
练连贯动作）

图 7-44

图 7-45

图 7-46

直点子

直点子是鞭杆拳中直线进攻的一些点子，具体有点、戳、穿、刺等。

上挂前点

上挂前点
（讲解）

1 双手执鞭预备势。（图 7-47）

2 重心后移，身体略向左转，左脚脚尖翘起。同时，左手向上，用鞭杆梢段弧形向上、向后挂，使鞭杆贴于左腕和左肩前，鞭杆梢段斜向后上方；右手握鞭杆把段于腹前。目视前方。（图 7-48）

图 7-47

图 7-48

3 随即重心前移，身体略向右转。左手握鞭杆中段，用梢端向前上方推点，高与头平；右手握鞭杆把段，贴于腰右侧。目视前方。（图7-49）

图7-49

| 说明 |

上挂前点左右式相同。可以重复练习，也可以左右式依次连贯练习。可以采用开立步、进步、退步、绕步、顺步、拗步等步法练习。

| 要领 |

（1）挂、点时鞭杆始终不离身，保持身体中正，转动灵活。挂鞭力点在鞭杆的上段外侧，点的力点在鞭杆前端。

（2）开始练习时要力求柔和、连贯、协调，待熟练后可以加力、加速。如要发力，两手均要握紧鞭杆，要借身体转动产生弹性。

| 破法 |

对方用刀、剑或棍向我头部进攻。

我用鞭杆前段向上挂开对方器械,随即向前推点击打对方。(图 7-50、图 7-51)

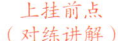

上挂前点
(对练讲解)

上挂前点
(对练连贯动作)

图 7-50

图 7-51

贰 / 下挂上点

下挂上点
（讲解）

1. 右式

1 双手执鞭预备势。（图 7-52）

2 重心后移，左腿提起。同时，左手执鞭向下，用鞭杆梢段护于左腿外侧。目视前方。（图 7-53）

图 7-52

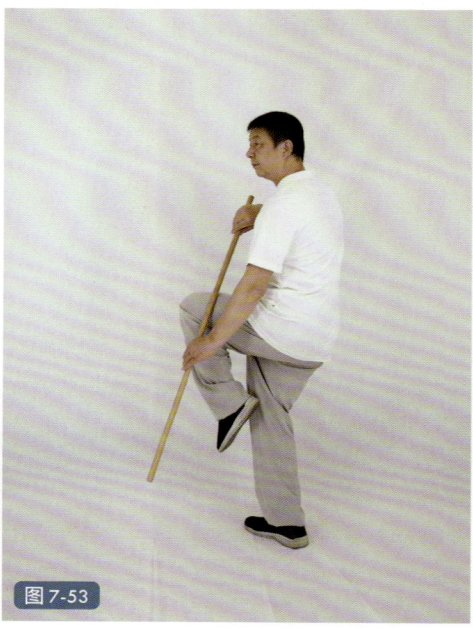

图 7-53

3 随即左脚向前落地，身体向左转。右手滑把握鞭杆中段，向前上方推点，把端高与头平；左手握鞭杆梢段，贴于腰左侧。目视前方。（图 7-54）

图 7-54

2. 左式

动作说明与右式相同。（图 7-55、图 7-56）

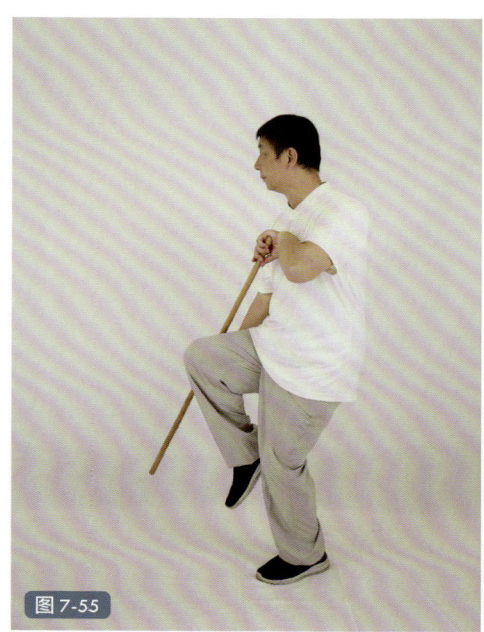

图 7-55

图 7-56

| 说明 |

下挂上点左右式相同，可以左右式依次连贯重复练习，可以采用开立步、进步、退步、绕步、顺步、拗步等步法练习。另外，练习者可以举一反三，如上挂下点、左点、右点等。有诀云："上点咽喉下点阴，中点两肋与当心。"

| 要领 |

（1）挂、点时鞭杆始终不离身，保持身体中正，独立稳定。

（2）挂鞭力点在鞭杆的前段外侧，点鞭力点在鞭杆前端。

（3）开始练习时要力求柔和、连贯、协调，待熟练后可以加力、加速。如要发力，两手均要握紧鞭杆，要借身体转动产生弹性。

┃ 破法 ┃

对方用刀、剑或棍向我腿部进攻。

我用鞭杆前段向下挂开对方器械，随即用鞭杆的另一端点击对方。（图 7-57~ 图 7-59）

图 7-57

下挂上点
（对练讲解）

下挂上点（对练连贯动作）

图 7-58

图 7-59

上挂平戳
（讲解）

戳法与点法动作相似，只是点法一般短促有力，具有动作小、快速突发的特点；戳法与点法相比，运行距离长，直行线明显，攻防范围大。

1. 右式

1 双手执鞭预备势。（图 7-60）

2 重心后移，身体向左转，左脚脚尖外撇。同时，左手向上，用鞭杆梢段弧形向上、向后挂，使鞭杆贴于左肩前，鞭杆梢端斜向后上方；右手握鞭杆把段于腹前。目视前方。（图 7-61）

图 7-60

图 7-61

3 随即右脚上步。两手握鞭杆，左手滑把于梢段，右手滑把于中段，以鞭杆把端向前平戳，高与心口平，鞭杆梢段贴于腰左侧。目视前方。（图 7-62）

图 7-62

2. 左式

动作说明同右式。(图 7-63、图 7-64)

图 7-63　图 7-64

| 说明 |

上挂平戳左右式相同，可以左右式依次连贯练习，可以采用开立步、进步、退步、绕步、顺步、拗步等步法练习。

| 要领 |

（1）上挂平戳时鞭杆始终不离身，转动平稳、灵活。

（2）挂鞭力点在鞭杆的前段外侧，戳的力点在鞭杆前端。

（3）开始练习时要力求柔和、连贯、协调，待熟练后可以加力、加速。如要发力，两手均要握紧鞭杆，要借身体转动产生弹性。

破法

对方用刀、剑或棍向我头部进攻。

我用鞭杆前段向上挂开对方器械，随即用鞭杆另一端戳击对方。（图7-65~图7-67）

图7-65

上挂平戳
（对练讲解）

上挂平戳（对练连贯动作）

图7-66

图7-67

肆／下挂平戳

下挂平戳
（讲解）

1. 右式

1 双手执鞭预备势。（图 7-68）

2 重心后移，身体向左转，左脚脚尖外撇。同时，左手用鞭杆梢段弧形向下、向后挂，使鞭杆贴于腰左侧，鞭杆梢端斜向后下方；右手握鞭杆把段于腹前。目视鞭杆梢端。（图 7-69）

图 7-68

图 7-69

3 随即右脚上步。两手握鞭杆，左手滑把于梢段，贴于腰左侧；右手滑把于中段，以鞭杆把端向前平戳，高与心口平。目视前方。（图 7-70）

图 7-70

2. 左式

动作说明同右式。（图 7-71、图 7-72）

图 7-71　　　　图 7-72

| 说明 |

下挂平戳左右式相同，可以左右式依次连贯练习，可以采用开立步、进步、退步、绕步、顺步、拗步等步法练习。另外练习者可以举一反三，如上挂下戳、左戳、右戳等。有诀云："上戳咽喉下戳阴，中戳两肋与当心。"

| 要领 |

（1）下挂平戳时鞭杆始终不离身，转动平稳、灵活。

（2）挂鞭力点在鞭杆的前段外侧，戳的力点在鞭杆前端。

（3）开始练习时要力求柔和、连贯、协调，待熟练后可以加力、加速。如要发力，两手均要握紧鞭杆，要借身体转动产生弹性。

破法

对方用刀、剑或棍向我腿部进攻。

我用鞭杆前段向下挂开对方器械，随即用鞭杆另一端戳击对方。（图 7-73~ 图 7-75）

下挂平戳
（对练讲解）

下挂平戳（对练连贯动作）

图 7-73

图 7-74

图 7-75

伍／上挂平穿

上挂平穿
（讲解）

> 从动作结构上看，穿法与点法、戳法均属于平直性进攻技法，穿法较点法与戳法运行的距离更长，而在做穿法时要大幅度滑把，所以穿法比戳法攻防范围更大。

1. 右式

1 双手执鞭预备势。（图 7-76）

2 左脚脚尖外撇，身体向左转。同时，左手将鞭杆梢段弧形向上、向后挂，左手滑把至鞭杆梢段，使鞭杆贴于左臂，鞭杆梢端斜向后上方；右手握鞭杆把段贴于身前。目视鞭杆梢端。（图 7-77）

图 7-76

图 7-77

3 随即右脚上步。左手执鞭杆前穿,右手松握鞭杆,鞭杆把端高与心口平,两手贴近。目视前方。(图7-78)

图 7-78

2. 左式

动作说明与右式相同。（图7-79、图7-80）

图7-79

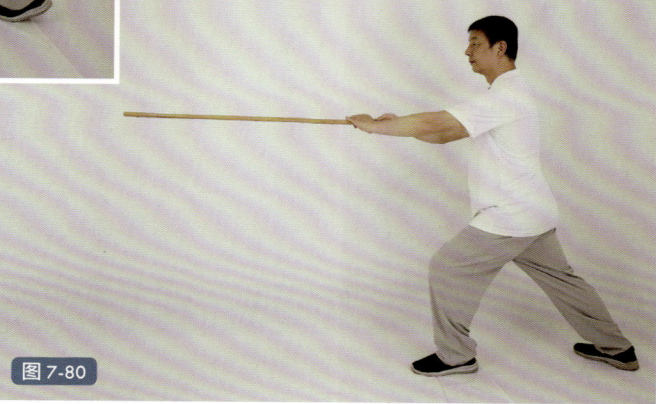

图7-80

| 说明 |

上挂平穿左右式相同，可以左右式依次连贯练习，可以采用开立步、进步、退步、绕步、顺步、拗步等步法练习。

| 要领 |

（1）挂的力点在鞭杆前段，穿的力点在鞭杆前端。

（2）穿鞭时一手实握，另一手松握；依次穿鞭则两手虚实转换。

（3）开始练习时要力求柔和、连贯、协调，待熟练后可以加力、加速。如要发力，两手均要握紧鞭杆。

破法

对方用刀、剑或棍向我头部进攻。

我用鞭杆前段向上挂开对方器械，随即用鞭杆另一端穿击对方。（图 7-81~ 图 7-83）

图 7-81

上挂平穿
（对练讲解）

上挂平穿（对练连贯动作）

图 7-82

图 7-83

陆／顾倚刺中

顾倚刺中（讲解）

顾倚是指防守四个斜角的方法，刺中是中平枪法，守中用中，而后变换其他刺法。刺鞭来源于枪法，主要以鞭杆梢端在前，类似于战场上的拼刺刀，有速度快、力度大、稳、准、狠的特点。

1 双手执鞭预备势，右手阴把，左手阳把。目视前方。（图7-84）

2 重心后移，左脚略收回。同时，两手持鞭杆向左上方挂挡，右手执鞭杆把段贴于腹前。目视鞭杆梢段。（图7-85）

图7-84

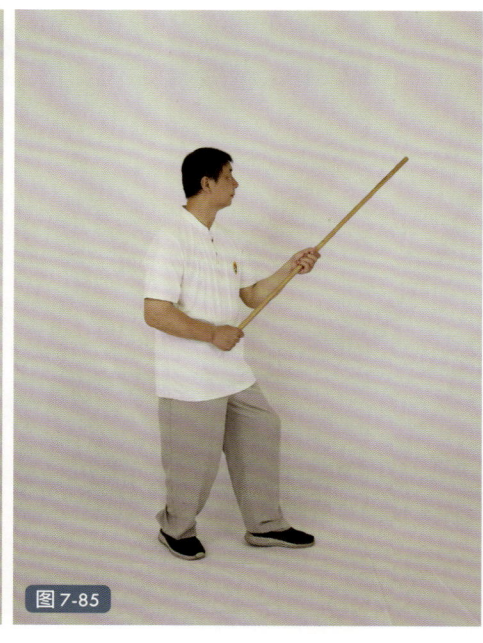

图7-85

3 左脚向前踏进半步。同时两手紧握鞭杆，右手握把段，左手握中段，向前平刺，高与心口平。目视鞭杆梢段。（图 7-86）

4 重心后移，左脚收回半步。同时，两手持鞭杆向右上方挂挡，右手执鞭杆把段贴于腹右侧。目视鞭杆梢段。（图 7-87）

5 左脚向前踏进半步。同时两手紧握鞭杆，右手握把段，左手握中段，向前平刺，高与心口平。目视鞭杆梢段。（图 7-88）

6 重心后移，左脚收回半步。同时，左手持鞭杆向左下方挂挡，右手执鞭杆把段贴于腹前。目视鞭杆梢段。（图 7-89）

图 7-86

图 7-87

图 7-88

图 7-89

7 左脚向前踏进半步。同时两手紧握鞭杆，右手握把段，左手握中段，向前平刺，高与心口平。目视鞭杆梢段。（图7-90）

8 重心后移，左脚收回半步。同时，左手持鞭杆向右下方挂挡，右手执鞭杆把段贴于腹右侧。目视鞭杆梢段。（图7-91）

9 左脚向前踏进半步。同时两手紧握鞭杆，右手握把段，左手握中段，向前平刺，高与心口平。目视鞭杆梢段。（图7-92）

图 7-90

图 7-91

图 7-92

| 说明 |

刺鞭一般用顺步练习，也可以配合进步、退步重复练习。

| 要领 |

（1）四个斜角挂挡的力点在鞭杆梢段，两手均要实握。

（2）开始练习时要力求柔和、连贯、协调，待熟练后可以加力、加速。

破法

对方用刀、剑或棍从四斜角攻击我，以左侧角为例。

我顺其来势向回引挂，使其变向，随即刺其中部。（图 7-93~ 图 7-95）

顾倚刺中
（对练讲解）

顾倚刺中（对
练连贯动作）

图 7-93

图 7-94

图 7-95

柒 / 左右格刺

左右格刺
（讲解）

1 单手执鞭预备势。（图 7-96）

图 7-96

2 重心略后移。同时，右手执鞭杆，用中段向左侧格挡，鞭杆梢端指向前方。目视前方。（图 7-97）

3 右脚踏进半步。同时鞭杆向前刺出，高与心口平。目视前方。（图 7-98）

图 7-97

图 7-98

4 重心略后移,右脚回撤。同时,以鞭杆中段向右侧格挡,鞭杆梢端指向前方。目视前方。(图7-99)

5 右脚踏进半步。同时鞭杆向前刺出,高与心口平。目视前方。(图7-100)

说明

左右格刺一般用顺步练习,也可以配合进步、退步重复练习。

要领

(1)左右格挡是用鞭杆中段或梢段向左右拦挡以保护自己。

(2)格挡的幅度不宜过大,格挡时走弧线;格与刺应连接圆活、顺手。

图 7-99

图 7-100

| 破法 |

对方用器械进击我中部。

我用鞭杆中段格开，随即刺进。（图 7-101、图 7-102）

左右格刺　　　　左右格刺
（对练讲解）　（对练连贯动作）

图 7-101

图 7-102

捌／换把挡戳

换把挡戳
（讲解）

1 双手执鞭预备势。（图 7-103）

图 7-103

2 身体左转成高歇步。同时，右手执鞭杆，以中段向左侧格挡，鞭杆垂直，梢端指向上方；左手掩于右手腕上。目视前方。（图 7-104）

3 右脚踏进一步，左脚跟进半步。同时，鞭杆向后转，左手接鞭杆梢段，把端向前戳出，高与心口平；右手松开鞭杆，护于左臂内侧。目视前方。（图 7-105）

图 7-104

图 7-105

4 身体右转成高歇步。同时，左手执鞭杆，用中段向右侧格挡，鞭杆垂直，把端指向上方；右手掩于左手腕上。目视前方。（图 7-106）

5 左脚踏进一步，右脚跟进半步。同时，鞭杆向后转，右手接鞭杆把段，梢端向前戳出，高与心口平；左手松开鞭杆，护于右臂内侧。目视前方。（图 7-107）

| **说明** |

换把挡戳一般用拗步练习，也可以配合进步、退步重复练习。

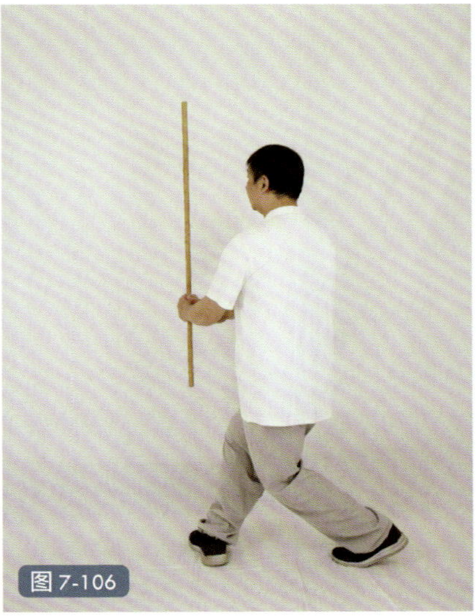

图 7-106

图 7-107

要领

（1）换把挡戳是用鞭杆中段或梢段向左或向右格挡以保护自己，格挡的同时转体约90°，格挡时走弧线。

（2）挡与戳的换把要自然连贯，并贴着腰侧刺出。

破法

对方用器械向我中部横扫。

我将鞭杆立起，用鞭杆中段弧形格挡，左挡、右挡，随即戳击。（图 7-108~ 图 7-110）

图 7-108

换把挡戳
（对练讲解）

换把挡戳（对练连贯动作）

图 7-109

图 7-110

劈 点 子

劈点子是鞭杆拳中劈击进攻的一些点子，具体有正劈、斜劈等。

 **壹** / 圈缠劈

圈缠劈（讲解）

1 双手执鞭预备势（右式），两手握鞭杆把段，虎口向前。（图7-111）

2 两手执鞭杆，以梢端在前上方顺时针圈缠半圈，圈高过头；之后由上向下劈击，高与头平。目视前方。（图7-112）

图7-111

图7-112

3 两手执鞭杆，以梢段在前上方逆时针圈缠半圈，圈高过头；之后由上向下劈击，高与头平。目视前方。（图 7-113）

图 7-113

| 说明 |

劈点子可以配合顺步、拗步、进步、退步进行练习。劈时可以由正上方劈下，也可以从斜上方劈下，可以灵活地练习。

| 要领 |

（1）圈缠的直径为 33~66 厘米（1~2 尺），向上走弧线圈缠为防守，力点在鞭杆梢段；向下正劈走中线，斜劈走对方肩颈部位，力点在鞭杆梢段。

（2）顺时针圈缠则右斜劈，逆时针圈缠则左斜劈。

（3）开始练习时要力求柔和、连贯、协调，待熟练后可以加力、加速。

破法

对方用器械攻击我头部。

我用鞭杆前段缠接对方器械，使之变向，随即向下劈向对方头部。（图7-114～图7-116）

圈缠劈
（对练讲解）

圈缠劈（对练连贯动作）

图7-114

图7-115

图7-116

上托劈（讲解）

贰 / 上托劈

1. 右式

1 双手执鞭预备势，两手握鞭杆，虎口向前。（图 7-117）

2 左脚向左前方上步。同时，双手将鞭杆向上托起，高过头顶，梢段略低。目视鞭杆梢段。（图 7-118）

3 右脚向前进步。同时，两手执鞭杆，使鞭杆在头上逆时针旋转至梢段向后时，做右斜劈，高与腰平。目视鞭杆梢段。（图 7-119、图 7-120）

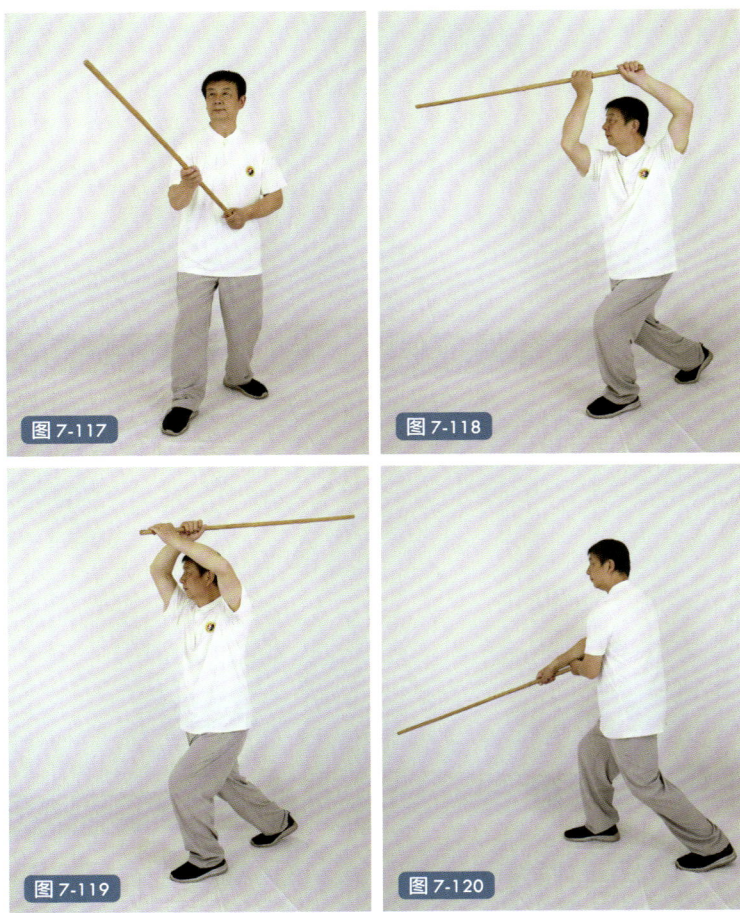

图 7-117

图 7-118

图 7-119

图 7-120

2. 左式

动作说明同右式。(图 7-121～图 7-123)

图 7-121

图 7-122

图 7-123

| 说明 |

上托劈鞭以斜劈为主，左右式相同，可以重复练习，可配合开立步、进步、退步进行练习。

| 要领 |

（1）托鞭的力点在鞭杆梢段，近中段，劈鞭力点在鞭杆梢段。

（2）上托不是硬架，有变向化劲之意。

（3）开始练习时要力求柔和、连贯、协调，待熟练后可以加力、加速。

破法

对方用器械攻击我头部。

我举鞭杆，用前段或中段向上托，随即上步，斜劈对方肩部、腰部或腿部。（图
7-124～图 7-126）

图 7-124

上托劈
（对练讲解）

上托劈（对
练连贯动作）

图 7-125

图 7-126

叁 / 舞花反劈

舞花反劈
（讲解）

1. 右式

1 双手执鞭预备势。（图 7-127）

图 7-127

图 7-128

图 7-129

图 7-130

2 左脚脚尖外撇，身体左转。同时，左手滑把，握在鞭杆近梢端处；右手滑把至左手前，把端立圆转至左前下方，下挂防护左下方。（图7-128~图7-130）

图 7-131

图 7-132

3 右脚向前进步。同时，两手执鞭杆在身体左侧舞花，把端向下、向后、向上，随即反手持鞭杆劈向前下方，高与头平。目视鞭杆把段。（图 7-131～图 7-133）

图 7-133

2. 左式

动作说明与右式相同。（图 7-134～图 7-137）

图 7-134

图 7-135

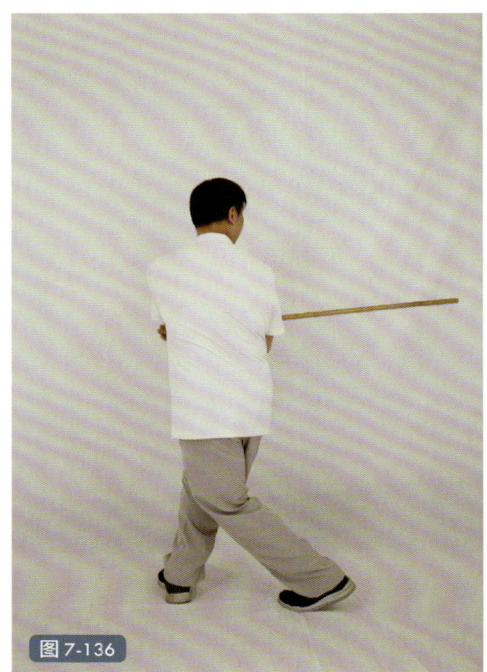

图 7-136

图 7-137

| 说明 |

　　舞花反劈左右式相同，可以连续重复练习，可以配合开立步、进步、退步进行练习。另外，舞花可小巧贴身，也可以放长击远。

| 要领 |

　　（1）鞭杆舞花暗含防护左右两边的技法，舞花时配合滑把下挂可以有效防护两腿外侧，劈鞭力点在鞭杆前段。

　　（2）开始练习时要力求柔和、连贯、协调，待熟练后可以加力、加速。

破法

对方用器械攻击我左下部。

我以鞭杆舞花，滑把，用把段向左下挂以护腿，顺势鞭走顺时针，立圆反劈对方头部。（图 7-138～图 7-140）

舞花反劈
（对练讲解）

舞花反劈（对
练连贯动作）

图 7-138

图 7-139

图 7-140

肆／左右挑劈

左右挑劈
（讲解）

1. 右式

1 双手执鞭预备势。（图 7-141）

2 身体向左转，左脚脚尖外撇。同时，左手握鞭杆中段，用梢段向左上方挑，高过头顶；右手握把段贴于腹前。目视鞭杆梢段。（图 7-142）

3 随即右脚上步。左手滑把于鞭杆梢段，右手滑把于中段，以把端由后向前劈，高与腰平，鞭杆梢段贴于腰左侧。目视前方。（图 7-143）

图 7-141

图 7-142

图 7-143

2. 左式

动作说明与右式相同。（图 7-144、图 7-145）

图 7-144

图 7-145

| 说明 |

左右式相同，可以左右式依次连贯练习，可以采用开立步、进步、退步、绕步、顺步、拗步等步法练习。

| 要领 |

（1）挑鞭与劈鞭力点均在鞭杆前段。

（2）开始练习时要力求柔和、连贯、协调，待熟练后可以加力、加速。如要发力，两手均要握紧鞭杆，要借身体转动产生弹性。

| 破法 |

　　对方用器械攻击我头部左侧。

　　我用鞭杆梢段向左上方挑开对方的器械，顺势用鞭杆把段劈击对方头部。（图7-146~图7-148）

左右挑劈
（对练讲解）

左右挑劈（对练连贯动作）

图 7-146

图 7-147

图 7-148

伍／十字斜劈

1. 右式

1 单手执鞭预备势，右手阳把。（图7-149）

2 右手持鞭杆中段，用梢段向上挑起，随即将鞭杆转向臂后，梢段向下。目视前方。（图7-150）

3 左脚向前上步，脚尖外撇成高歇步。同时，两手握鞭杆把段，用梢段向前斜劈。目视前方。（图7-151）

图 7-149

图 7-150

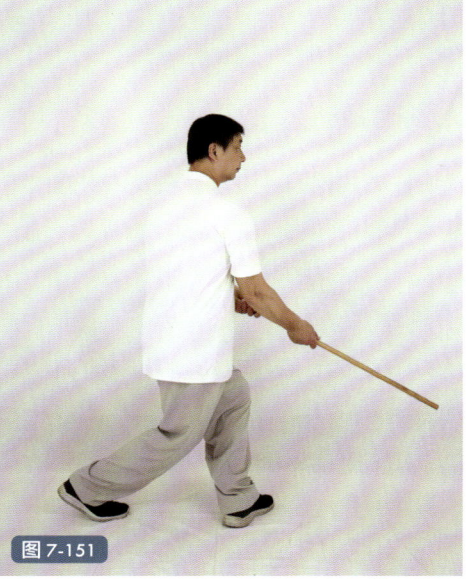

图 7-151

2. 左式

动作说明与右式相同。（图 7-152、图 7-153）

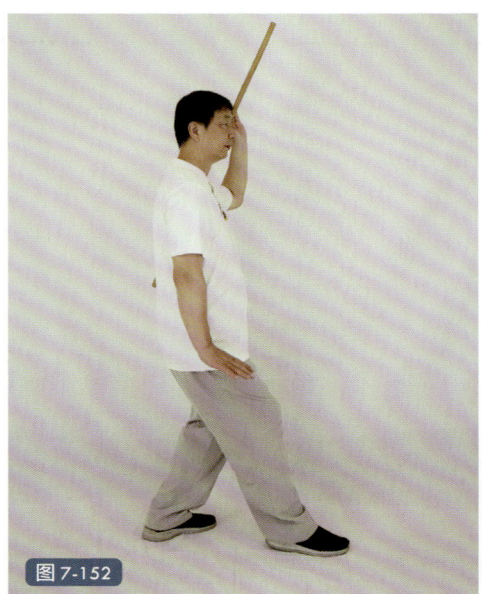
图 7-152

图 7-153

| 说明 |

左右式相同，可以左右式依次连贯练习，可以采用开立步、进步、退步、绕步等步法练习。

| 要领 |

（1）十字斜劈走四个斜角，从右上方到左下方，从左上方到右下方，斜劈可攻可防，劈鞭力点均在鞭杆前段。

（2）开始练习时要力求柔和、连贯、协调，待熟练后可以加力、加速。斜劈时两手要握紧鞭杆，要借身体转动产生弹性。

| 破法 |

对方用器械攻击我头部。

我用鞭杆梢段向左上方斜挑对方器械，随即返回，用梢段劈击对方。（图 7-154~
图 7-156）

十字斜劈
（对练讲解）

图 7-154

图 7-155

图 7-156

 ／上推斜劈

上推斜劈
（讲解）

1. 右式

1 双手执鞭预备势。（图 7-157）

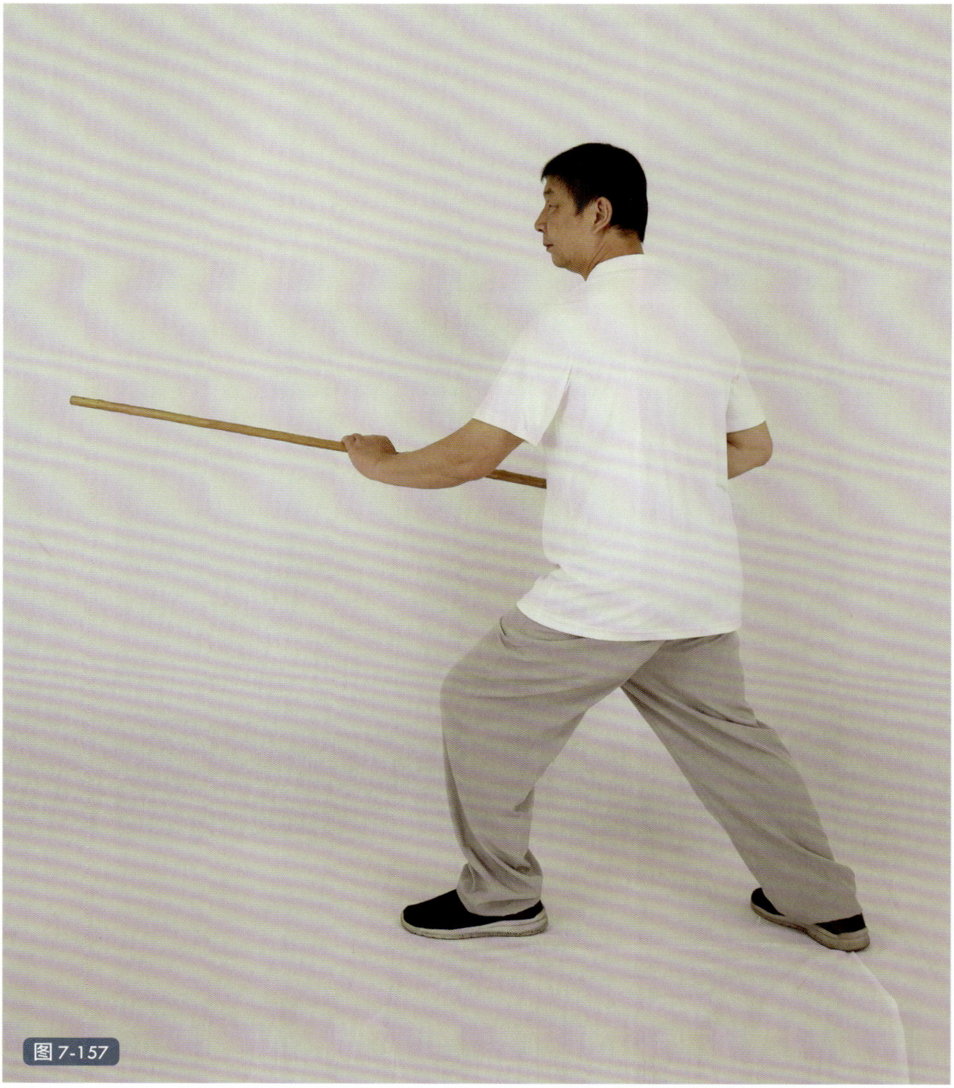

图 7-157

2 左脚脚尖外撇，身体左转。同时，两手举鞭杆向左上方斜推。目视前方。（图 7-158）

图 7-158

3 右脚向前上步。同时，右手执鞭向前下方斜劈，鞭杆前端高与膝平，鞭杆顺势收于腰左侧。目视前方。（图 7-159、图 7-160）

图 7-159

图 7-160

2. 左式

动作说明与右式相同。（图 7-161～图 7-163）

图 7-161

图 7-162

图 7-163

| 说明 |

左右式相同，可以左右式依次连贯练习，可以采用开立步、进步、退步、绕步等步法练习。

| 要领 |

（1）上推时鞭杆走弧线，力点在鞭杆中段，劈鞭力点在鞭杆前段。

（2）开始练习时要力求柔和、连贯、协调，待熟练后可以加力、加速。

破法

对方用器械向我头部斜劈。

我双手执鞭，用鞭杆中段向上斜推，迎着对方器械推架，随即向下斜劈对方腿部或头部。注意，不是硬接对方器械，与对方器械接触的瞬间有圆化之意。（图 7-164 ~ 图 7-166）

图 7-164

上推斜劈
（对练讲解）

上推斜劈（对
练连贯动作）

图 7-165

图 7-166

缠抽点子

缠抽点子
（讲解）

1. 右式

1 单手执鞭预备势。（图 7-167）

2 右手持鞭杆把段，使梢段顺时针缠转，力点在鞭杆中段和梢段连接处，力点稍高于头顶。目视鞭杆中段。（图 7-168）

图 7-167

图 7-168

3 右脚向前上步，左脚跟进。同时，右手执鞭杆向前斜抽，梢段高与耳平，随即将鞭杆梢段顺势甩向左后方；左手护于右手腕上。目视前方。（图 7-169、图 7-170）

图 7-169

图 7-170

2. 左式

1 右手执鞭杆把段，用梢段逆时针缠转，力点在中段和梢段连接处，力点稍高于头顶。目视鞭杆中段。（图 7-171、图 7-172）

图 7-171

图 7-172

2 左脚向前上步，右脚跟进。同时，右手执鞭杆向前斜抽，梢段高与耳平，随即将鞭杆梢段顺势甩向右后方；左手护于右手腕上。目视前方。（图 7-173、图 7-174）

图 7-173　　　　图 7-174

| 说明 |

　　抽的目标可以是对方的头部，也可以是其腰部、腿部。可以采用开立步、进步、退步、绕步等步法练习。

| 要领 |

　　（1）缠鞭是防守方法，力点在鞭杆中段与梢段连接处。
　　（2）抽鞭时要体现出鞭杆的软与快，软是由腰、臂与手的协调表达的，所以执鞭要松紧适度，只在发力的瞬间握紧，力点在梢段。
　　（3）开始练习时要力求柔和、连贯、协调，待熟练后可以加力、加速。

破法

对方用器械攻击我面部。

我用鞭杆梢段缠转之法荡开对方器械,随即顺势斜抽向对方。(图 7-175 ~ 图 7-177)

缠抽点子
(对练讲解)

缠抽点子(对练连贯动作)

图 7-175

图 7-176

图 7-177

缠击点子

缠击点子
（讲解）

1. 右式

1 双手执鞭预备势。（图 7-178）

图 7-178

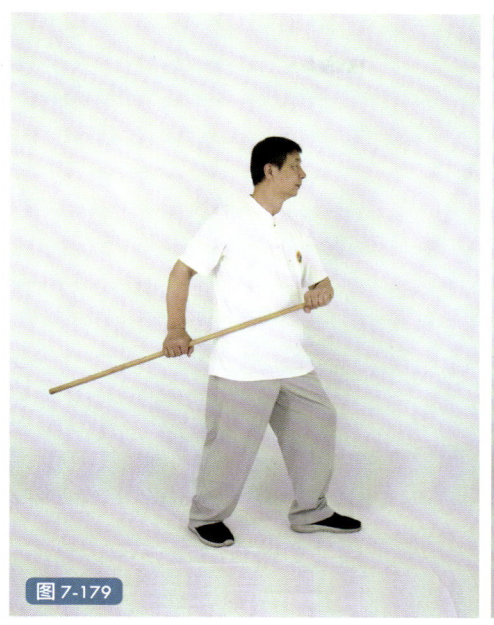

图 7-179

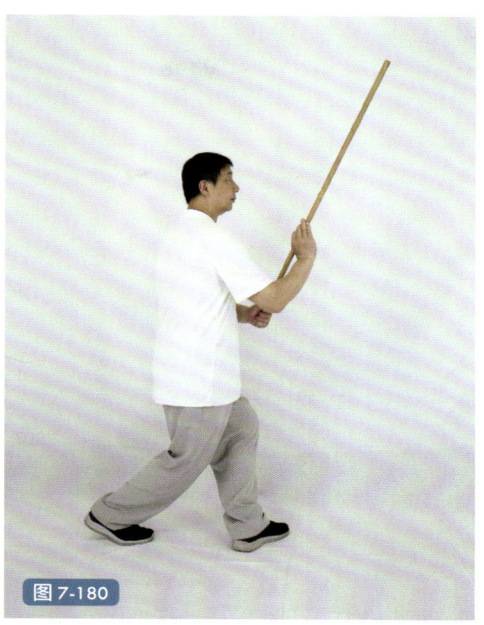

图 7-180

2 左脚脚尖外撇约 45°，身体左转，右脚脚跟略提起。同时，左手滑把握于鞭杆梢段，右手滑把握于鞭杆中段，两手握鞭杆使把段在前上方顺时针缠转一圈。目视前方。（图 7-179、图 7-180）

3 右脚向前一步，同时，身体左转。左手执鞭杆梢段贴于左胸前；右手执鞭杆中段，用把段由右向左横击，高与耳平。目视前方。（图 7-181）

图 7-181

2. 左式

1 接右式。右脚脚尖外撇约45°，身体右转，左脚脚跟略提起。同时，右手滑把握于鞭杆把段，左手滑把握于鞭杆中段，两手握鞭杆使梢段在前上方逆时针缠转一圈。目视前方。（图7-182）

2 左脚向前一步，同时，身体右转。右手执鞭杆把段贴于右胸前；左手执鞭杆中段，用梢段由左向右横击，高与耳平。目视前方。（图7-183）

图7-182

图7-183

| 说明 |

　　左右式相同，可以重复练习，可以采用开立步、进步、退步、绕步等步法练习。

| 要领 |

　　（1）缠绕为防守动作，力点在鞭杆中段与前段连接处；横击目标为对方耳部，力在鞭杆前段。

　　（2）开始练习时要力求柔和、连贯、协调，待熟练后可以加力、加速。如要发力，要瞬间握紧鞭杆。

破法

对方用器械攻击我头部。

我双手执鞭杆，用把段缠荡开对方的器械，随即上步，以把段横击对方头部。（图7-184~图7-186）

缠击点子
（对练讲解）

缠击点子（对练连贯动作）

图 7-184

图 7-185

图 7-186

贯 点 子

左右贯耳
（讲解）

1 双手执鞭预备势。（图7-187）

![图7-187]

图7-187

2 左脚进半步，右脚跟进；同时，身体左转。两手执鞭杆中段，用梢段向左后方挂拉，使梢段贴于左小臂外侧，右脚前进，并用把段向前上方击打对方的耳部。目视鞭杆把端。（图7-188、图7-189）

图 7-188

图 7-189

3 右脚进一步，左脚跟进；同时，身体右转。两手执鞭杆中段，用把段向右后方挂拉，使把段贴于右小臂外侧，用梢段向前上方击打对方的耳部。目视鞭杆梢端。（图 7-190、图 7-191）

图 7-190　　　　　　　　　图 7-191

说明

可以重复练习，左挂则右击，右挂则左击，简捷实用。可以配合开立步、马步、进步、退步练习。

要领

左右贯耳连环不断，两手握鞭杆中段，一推一拉，配合进步、转腰、送肩发出弹力。

破法

　　对方用器械攻击我面部。

　　我用鞭杆梢段向后挂，使对方的器械变向；同时，用把段横击对方头部。（图7-192、图7-193）

左右贯耳
（对练讲解）

图 7-192

图 7-193

贰 / 单把贯耳

单把贯耳
（左右贯鞭）
（讲解）

1. 右式

两脚前后开立。右手执鞭杆中段，梢端向前，左脚向左前方跨半步；同时，身体左转，右脚脚跟略提起。右手执鞭杆，用梢端向前弧形横贯，高与头平；随即快速屈右肘，使鞭杆贴右小臂，以把段横贯，击打对方耳部。目视前方。（图7-194、图7-195）

图7-194

图7-195

2. 左式

接右式，右脚向右前方跨一步；同时，左手接过鞭杆；身体右转，左脚脚跟略提起。左手执鞭杆，用把端向前弧形横贯，高与头平；随即快速屈左肘，使鞭杆贴左小臂，以梢段横贯，击打对方耳部。目视前方。（图 7-196、图 7-197）

图 7-196

图 7-197

| 说明 |

一个单把贯耳有连续两次贯耳技法，第一个贯耳动作可攻可防，作为防守技法可以回挂。可以重复练习，可以采用开立步、进步、退步等步法练习。

| 要领 |

（1）两手换把均在鞭杆中段，两次贯耳（一梢端、一把端）本是一个动作，两头连用。手要握紧鞭杆，第二次贯耳时鞭身紧贴小臂，配合转腰瞬间发出弹力。

（2）开始练习时要力求柔和、连贯、协调，待熟练后可以加力、加速。

破法

对方用器械攻击我头部。

我手执鞭杆中段，用梢段挂开对方器械；同时快速屈肘，用把段攻击对方左耳部。
（图 7-198～图 7-200）

单把贯耳
（左右贯鞭）
（对练讲解）

单把贯耳
（左右贯鞭）
（对练连贯动作）

图 7-198

图 7-199

图 7-200

下截上击
（讲解）

1. 右式

1 单手执鞭预备势。（图 7-201）

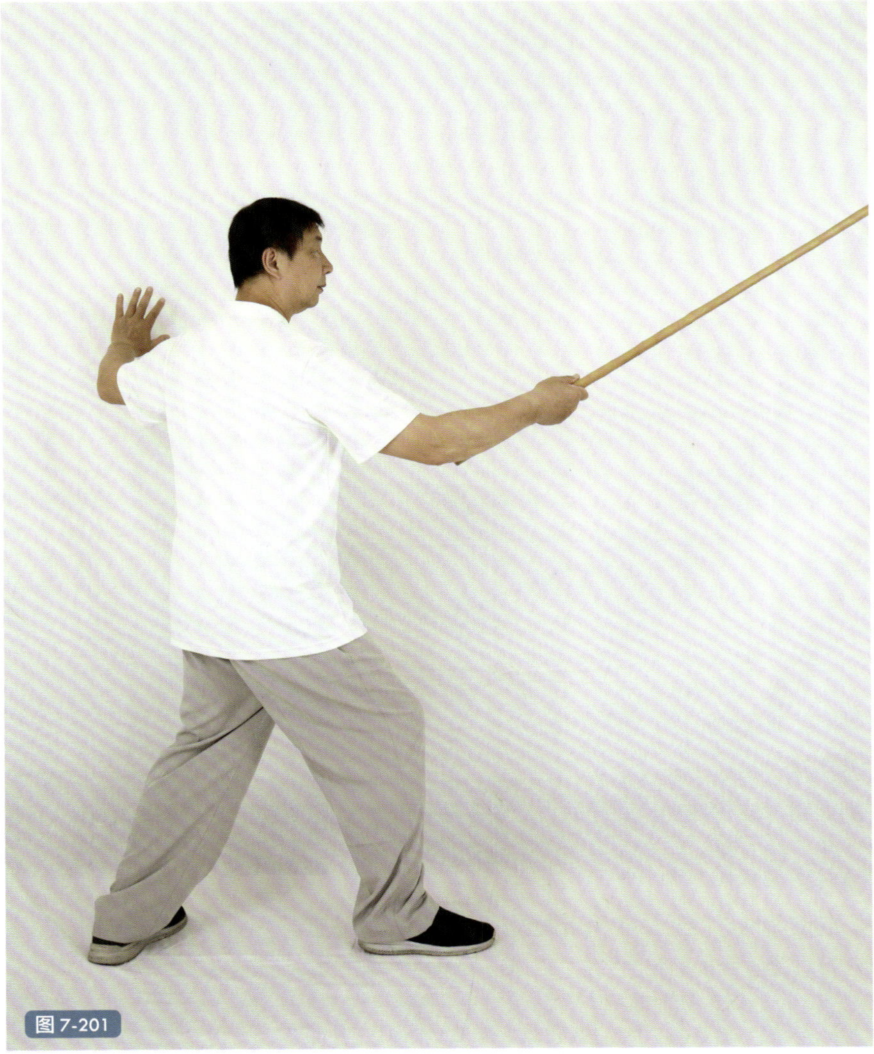

图 7-201

2 右脚提起，成左独立步。同时，右手握鞭杆把段，内旋使梢端向下，用梢段下截护右腿，左手护于右肩前。目视鞭杆梢段。（图7-202）

3 右脚向前落地。同时，左手接握鞭杆梢段，右手滑把至中段，用把段向前弧形击打对方耳部。目视前方。（图7-203）

图 7-202

图 7-203

2. 左式

1 左脚向前成左预备势。（图7-204）

2 左脚提起，成右独立步。同时，左手握鞭杆梢段，内旋使把端向下，用把段下截护左腿，右手护于左肩前。（图7-205）

3 左脚向前落地。同时，右手接握鞭杆把段，左手滑把至中段，用梢段向前弧形击打对方耳部。目视前方。（图7-206）

图 7-204

图 7-205

说明

下截上击可以重复练习，可以采用
开立步、进步、退步等步法练习。

要领

（1）下截是防守技法，换把、滑
把要自然顺遂，下截点在鞭杆中段或
下段。

（2）击打对方耳部时，前手先要向
后滑把至鞭杆中段，目的是留出较长的
前段以便击远。

图 7-206

| 破法 |

对方用器械攻击我腿部。

我用鞭杆梢段下截护腿，随即用把段推击对方头部。（图 7-207～图 7-209）

下截上击
（对练讲解）

图 7-207

图 7-208

图 7-209

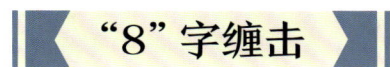

"8"字缠击
（讲解）

1 双手执鞭预备势。（图 7-210）

2 两手执鞭杆以梢端在前上方画一个横卧的"8"字，也可视为太极图，图形的宽度约与肩宽相等。目视鞭杆梢端。（图 7-211）

图 7-210

图 7-211

| 说明 |

可以重复练习。画横"8"字是左右相连的缠击技法，简捷实用。向两边缠转画圈为防守，弧形返回中心为击打。可以配合开立步、弓步、马步、进步、退步练习。

| 要领 |

画横"8"字时要连绵不断，左手握鞭杆把段在腹前，右手握中段，两手有翻转拧拨的劲力。

破法

对方用器械攻击我头部。

我用鞭杆梢段缠对方器械，使之变向离开我身体，随即梢段回转击打对方头部两侧。（图 7-212～图 7-214）

"8"字缠击
（对练讲解）

图 7-212

图 7-213

图 7-214

 挑帘穿进

挑帘穿进
（讲解）

1. 右式

1 双手执鞭预备势。（图 7-215）

图 7-215

2 左脚略进，重心前移，成左弓步。同时，左手松握鞭杆，右手握把端向前平穿至两手接近、两臂伸展，鞭杆梢端高于心口。目视前方。（图 7-216）

3 左脚脚尖外撇，身体左转。同时，左手滑把至鞭杆中段，两手协同将梢段向左上方挑起。目视前方。（图 7-217）

图 7-216

图 7-217

图 7-218

4 随之，右脚进一步，成右弓步。同时，鞭杆梢段转向后，左手滑把握于梢段，用把端向前平穿至两手接近、两臂伸展，鞭杆把端高于心口。目视前方。（图 7-218）

2. 左式

动作说明同右式。（图 7-219、图 7-220）

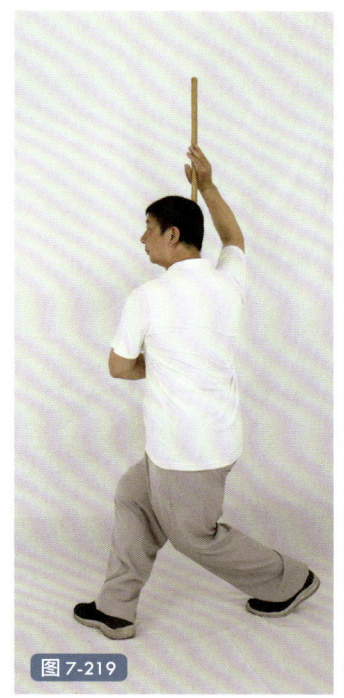

图 7-219

图 7-220

| 说明 |

可以重复练习，梢挑则把穿，把挑则梢穿，简捷实用。可以配合开立步、马步、进步、退步、绕步练习。

| 要领 |

（1）挑鞭时，鞭杆要贴身借力；穿鞭时，鞭杆也要贴腰而出。

（2）挑鞭时，两手要紧握鞭杆；穿鞭时，前手松握，后手紧握。

破法

对方用器械攻击我头部。

我用鞭杆梢段上穿，贴对方器械里侧向上挑挂，使对方器械变向，离开我的身体，随即调把，用鞭杆把端穿击对方腹部。（图7-221~图7-223）

挑帘穿进
（对练讲解）

上托下扫

上托下扫
（讲解）

1. 右式

1 单手执鞭预备势。（图 7-224）

2 左脚向前，虚点于右脚旁；同时，身体右转。右手执鞭杆把段上托，高于头部，左手护于右肩旁。目视前方。（图 7-225）

3 左脚向左前方进一步。同时，右手执鞭杆以弧形由右上向左下扫击，梢段高与膝平，左手自然伸向右肘旁边。目视鞭杆梢段。（图 7-226）

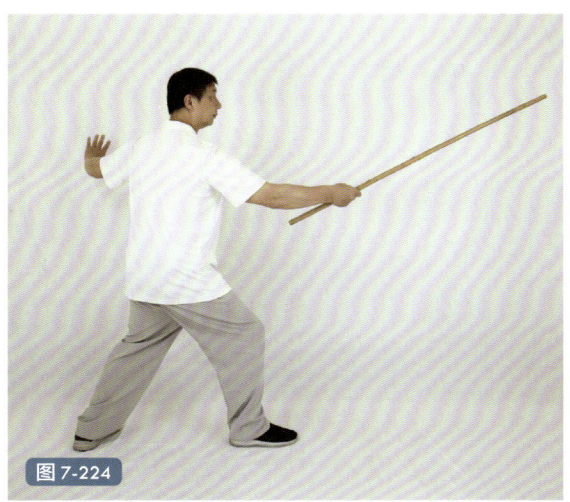

图 7-224

图 7-225

图 7-226

2. 左式

1 右脚向前，虚点于左脚旁。右手执鞭杆把段上托，高与头平，左手护于右腕旁。目视前方。（图 7-227）

2 右脚向右前方进一步。同时，右手执鞭杆以弧形由左上向右下扫击，梢段高与膝平。目视鞭杆梢段。（图 7-228）

图 7-227

图 7-228

| 说明 |

上托为防守，扫为进击。可以重复练习。可以配合开立步、进步、退步练习。

| 要领 |

（1）上托技法带有推、化的意味，有圆转之意，而不是直直地上托。

（2）扫鞭要蹬腿、转腰、顺肩，使劲力顺达。

破法

对方用器械攻击我头部。

我用鞭杆梢段上推，托住对方器械，随即用梢段扫击对方腿部。（图 7-229～图 7-231）

上托下扫
（对练讲解）

图 7-229

图 7-230

图 7-231

上格下甩

上格下甩
（讲解）

1 单手执鞭预备势。（图 7-232）

图 7-232

2 身体左转。同时，用鞭杆中段至梢段向左上方弧形格挡；左手护于右腕内侧，梢端向上。目视前方。（图 7-233）

3 右脚进半步，左脚跟进。同时，右手转腕，使鞭杆梢段由上向后、向下、向前甩出，着力点在鞭杆梢段，与腰平，鞭杆顺势后转贴于右臂外侧，左手自然伸向左后方。目视前方。（图 7-234）

图 7-233

图 7-234

| 说明 |

　　此动作可以先连续练习右手执鞭式，再练习左手执鞭式。格挡为防守，甩为进击。可以重复练习。可以配合开立步、进步、退步练习。

| 要领 |

　　（1）格挡技法含有回挂、刮、蹭之意。
　　（2）甩鞭时，手腕要活；发力的瞬间要握紧鞭杆，随即松开；格挡与甩要连贯圆活。

破法

对方用器械向我上部进击。

我用鞭杆中段或梢段格挡，随即甩击对方下部。（图 7-235～图 7-237）

上格下甩
（对练讲解）

上格下甩（对练连贯动作）

图 7-235

图 7-236

图 7-237

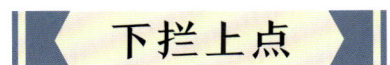

下拦上点
（讲解）

1 单手执鞭预备势。（图 7-238）

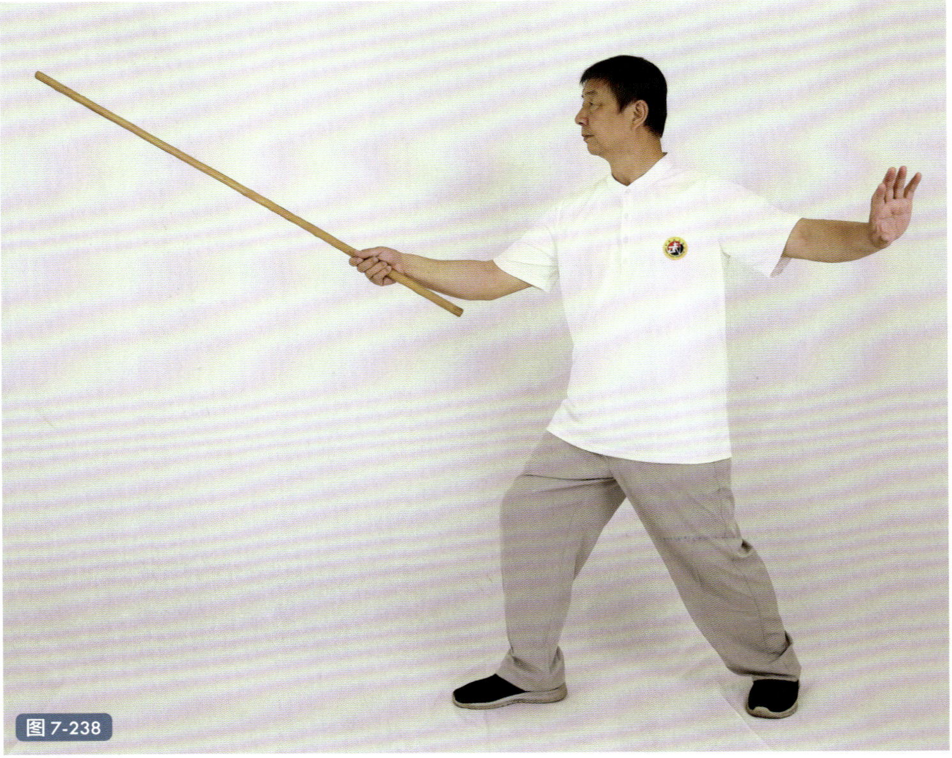

图 7-238

2 右脚回收，同时右手手腕内旋上提，使鞭杆梢端向下，用中段和梢段拦护左下方，左手护在胸腹间。目视鞭杆中段。（图 7-239）

3 右脚进一步，左脚跟进，并于右脚旁。同时，右手手腕外旋，使鞭杆梢端由后向前转立圆，点击对方头部，左手握于鞭杆把段。目视前方。（图 7-240）

图 7-239

图 7-240

| 说明 |

　　此动作可以重复练习，可以配合开立步、进步、退步练习。

| 要领 |

　　（1）做拦法时，鞭杆要竖直，梢端朝下，力点在中下段。
　　（2）点法的目标是对方的头部或腕部，力点在鞭杆梢端。
　　（3）拦与点要求手腕灵活有力，点法可以两手握鞭，以增加力度和稳定性。

破法

对方用器械扫击我腿部。

我提鞭杆，用梢段拦截对方器械，随即翻腕，用鞭杆梢端点击对方头部。（图 7-241～图 7-243）

下拦上点
（对练讲解）

下拦上点（对练连贯动作）

图 7-241

图 7-242

图 7-243

上刮下劙

上刮下劙
（讲解）

1. 右式

1 双手执鞭预备势。（图 7-244）

2 左手滑把至鞭杆梢段，右手换把成虎口对着把端。目视前方。（图 7-245）

图 7-244　　　　　图 7-245

3 左脚脚尖外撇，身体左转，同时，右手滑把至鞭杆中段，同时用把段由下向前上方刮，鞭走弧线，力点在把段左侧。目视鞭杆把段。（图 7-246）

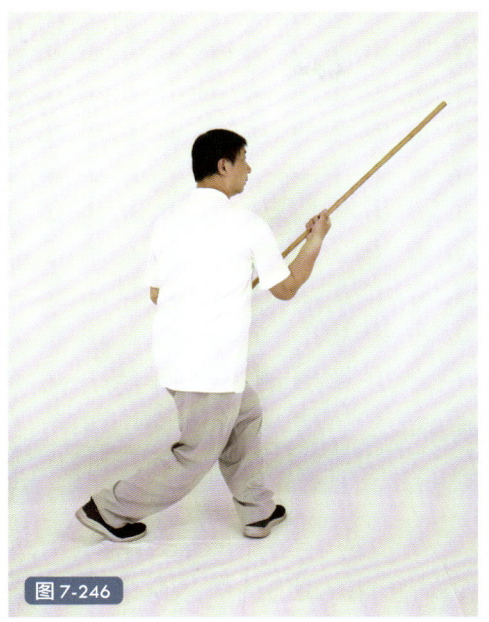

图 7-246

图 7-247

4 鞭杆顺势向左后转落，左手接握把段，使中段贴于腰左侧，梢端斜向前下方。同时，右脚向前一步。目视前方。（图 7-247）

5 两手执鞭杆，用梢端由下向前上方劐起至与心口平。目视前方。（图 7-248）

图 7-248

2. 左式

动作说明同右式。（图 7-249~图 7-253）

图 7-253

说明

刮为防守，劐为进攻。劐的幅度可大可小，目标为对方的腹部、裆部、腕部。左右式相同，可以连续重复练习。

要领

刮与劐中间的滑把和换把很关键，滑把可以保证动作幅度合适，或收或放；换把使刮转劐的劲路圆活、自然、顺畅。

破法

　　对方用器械劈击我头部。

　　我用鞭杆把段粘刮对方器械里侧，使其偏离方向，随即换把，用梢端劐击对方。
（图 7-254~图 7-256）

上刮下劐
（对练讲解）

上刮下劐（对
练连贯动作）

图 7-254

图 7-255

图 7-256

鞭杆拳串点子即鞭杆拳的套路训练。套路是组合动作、单式动作的集成，好似一个技术资料库，便于记忆、保存和提取。传统的鞭杆拳套路一般短小精练，易于重复练习，易于提高技艺水平，从而练习者可以有充沛的体力发挥力道、控制速度；较长的套路一般是后来创编的，适合健身和表演。

以下为串点子三十二势总目录：

串点子
三十二势演练

预备势　凝神静立

第一串

起势　仙人指路

壹　　夫子拱手（左虚步挂、左弓步劈）

贰　　狮子摇头（左右斜抡劈）

叁　　蝎子撩尾（转身崩挑）

肆　　力劈华山（转身下劈）

伍　　双峰贯耳（左右击耳）

陆　　浪子回头（插步后扫）

柒　　扬鞭催马（转身平抽）

捌　　落鞭碎石（立鞭拦挡、并步反点）

第二串

玖　　青龙现爪（提膝劙鞭、歇步戳鞭）

拾　　犀牛望月（左右后戳）

拾壹　乌龙摆尾（转身右摆、独立反摆）

拾贰　太公钓鱼（右弓步戳、右虚步扣）

拾叁　　玉女穿梭（左右穿鞭）

拾肆　　苏秦背剑（虚步背挎）

拾伍　　老翁劈柴（左拧身抽、右拧身劈）

拾陆　　喜鹊登枝（左弹腿）

第三串

拾柒　　霸王送客（进步点鞭）

拾捌　　怀中抱月（转身甩鞭、歇步抱鞭）

拾玖　　追风发箭（穿鞭、进步连戳）

贰拾　　龙行浪涌（进步剿鞭）

贰拾壹　巨斧劈山（上步斜劈）

贰拾贰　横扫千军（独立反扫）

贰拾叁　回马扬鞭（回身云扫）

贰拾肆　凤凰抬头（下劈上崩）

第四串

贰拾伍　霹雷击地（抡鞭下拍）

贰拾陆　迎风摇旗（鞭梢剿起、并步缠转）

贰拾柒　白蛇吐信（弓步左拨、撩鞭点脚）

贰拾捌　凤凰点头（左虚步挂、抛鞭吊点）

贰拾玖　青龙取水（歇步下挂、弓步反点）

叁拾　　锦鸡食米（丁步下点）

叁拾壹　风扫残云（转身歇步云贯）

叁拾贰　梅花落地（转身舞花、按掌还原）

预备势 / 凝神静立

两脚跟并拢，脚尖自然分开，松静站立。右手持鞭杆，虎口向下，手心朝外，鞭杆把段贴小臂外侧。目视前方。（图 8-1）

图 8-1

第一串

起势 / 仙人指路

1 左掌五指自然并拢，向左侧外旋并徐徐抬起，手心转向上，高与肩平。目视左掌。（图8-2）

2 左掌弧形转至右肩前，掌心向右。目视右侧。（图8-3、图8-4）

图 8-2

图 8-3

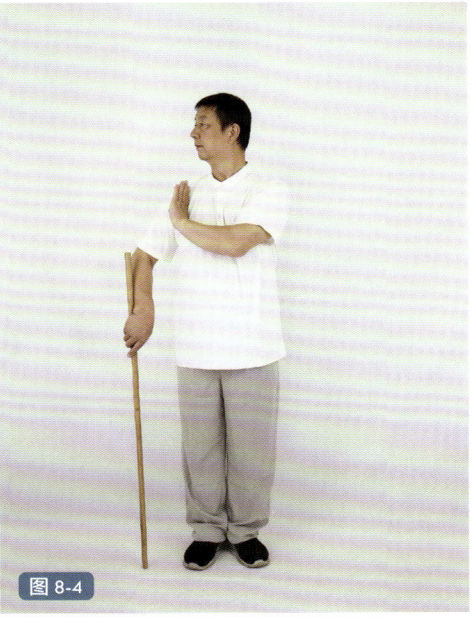

图 8-4

3 随即身体略左转。同时，左掌向左侧推出，高与肩平。目视左掌。（图 8-5）

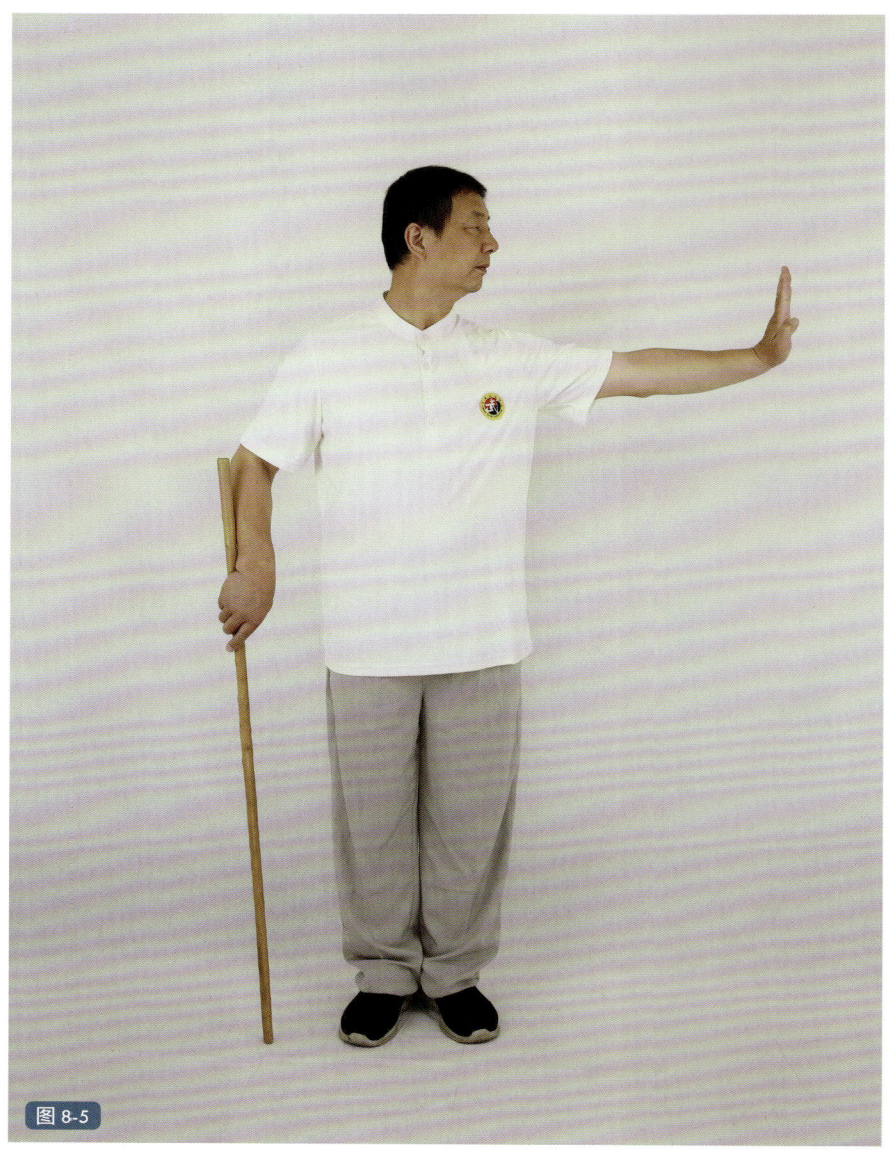

图 8-5

| 要领 |

身体直立挺拔，左手臂抬起时要舒展；推掌时眼随手动，神情专注。

壹／夫子拱手（左虚步挂、左弓步劈）

1. 转环太极

右手持鞭杆把段，提起与左手臂交叉，随即分开，两手臂一上一下，同时顺时针转环。目视前方。（图8-6～图8-8）

图 8-6

图 8-7

图 8-8

2. 左虚步挂

右脚向右侧跨步；同时，身体左转，成左虚步。右手持鞭杆由下向左上方挂，鞭杆梢段顺势后转，中段贴于左臂外侧。目视前方。（图 8-9~图 8-11）

图 8-9

图 8-10

图 8-11

3. 左弓步劈

左脚进步，成左弓步。同时，左手推鞭杆中段，用梢段向下劈，高与腰平，随即用梢端逆时针缠转一周，高与肩平。目视前方。（图8-12）

图8-12

| 要领 |

虚步与挂鞭要协调一致，弓步与劈鞭要协调一致。同时，注意蹬腿、转腰、顺肩的配合。

贰 / 狮子摇头（左右斜抡劈）

狮子摇头

1 身体右转；左脚略收，脚跟提起。同时，右手换把成反握。目视左后方。（图 8-13）

图 8-13

2 身体左转；左脚进步，右脚脚跟略提起。同时，两手执鞭杆，左手虚握，右手实握，成两手交叉，向前上方斜线抢劈。目视鞭杆梢段。（图8-14、图8-15）

图 8-14

图 8-15

3 身体右转。同时，两手执鞭杆，右手虚握，左手实握，将鞭杆在身体左侧抡转一圈，随即向前劈至梢端接近地面。目视鞭杆梢段。（图8-16、图8-17）

图8-16

图8-17

| 要领 |

　　此动依靠转身调胯及两手的虚实转换完成。鞭杆梢端走"十"字斜线，要求人鞭协调。

参／蝎子·撩尾（转身崩挑）

身体向右转；同时右脚进步，左脚跟步；回头后望；随即身体下沉，两腿弯曲，成骑龙步。同时，右手压鞭杆把段，左手上提中段，上下合力，使梢段向上崩起，高与肩平。目视鞭杆档段。（图 8-18、图 8-19）

图 8-18

图 8-19

要领

（1）骑龙步两腿弯曲，膝盖下沉，左脚脚跟提起，有欲跑之势。

（2）两手配合协调，鞭杆要贴着左手手腕和左小臂外侧。

肆／力劈华山（转身下劈）

1 右手换阳把。同时，向左转身，左脚向右前方绕步。两手执鞭杆向左上方推架。目视鞭杆中段。（图 8-20）

2 右脚上步，成右弓步。同时，右手执鞭杆，向后绕头部、经右肩向下劈，左手接把段。目视鞭杆梢段。（图 8-21、图 8-22）

图 8-20

图 8-21

图 8-22

要领

（1）绕步推架时，力点在鞭杆中段，不可硬架，应用弧形承化。

（2）劈鞭时用转腰、蹬腿之力，人鞭协调。

伍／双峰贯耳（左右击耳）

1. 左击耳

1 身体站起成高虚步。同时，左手松开鞭杆，右手执把段，将鞭杆向上托起，高与头平。目视鞭杆梢段。（图8-23）

2 上动不停，身体右转；右脚向左前绕步，接着左脚上步，成开立步；两膝略屈。同时，右手执鞭杆把段在头上缠转一圈，使中段贴于左臂外侧；左手接握鞭杆近右手处，手指轻扣于把段，两手虎口相对。目视前方。（图8-24、图8-25）

图 8-23

图 8-24

图 8-25

3 右膝提起。同时，左手推鞭，右手拉鞭，两手合力使鞭杆梢段向前横向弹击，高与耳平。目视鞭杆梢段。（图8-26）

图 8-26

2. 右击耳

右脚落地，仍为开立步。同时，右手推鞭，左手拉鞭，两手合力使鞭杆把段向前横向弹击，高与耳平。目视鞭杆把段。（图8-27）

| 要领 |

缠转为防守，力点在右侧。弹击时，两手推拉要协调，配合蹬腿转肩，发出弹性力。

图 8-27

陆 / 浪子回头（插步后扫）

左脚向右腿后插步；同时，身体右转。右手执鞭杆向后平扫，将梢段顺势贴于背后，高与肩平；左手护于右肩前。目视右侧。（图8-28、图8-29）

图 8-28

图 8-29

要领

插步、转身、扫鞭要协调一致。定势时身体略下沉，保持稳定。

柒／扬鞭催马（转身平抽）

身体向左转；同时，右脚里扣，左腿提膝，成右独立步。转身的同时，右手执鞭杆把段向前平抽，高与头平；左手顺势向后伸展，左臂伸展，手掌后撑。目视鞭杆梢段。（图8-30、图8-31）

图 8-30

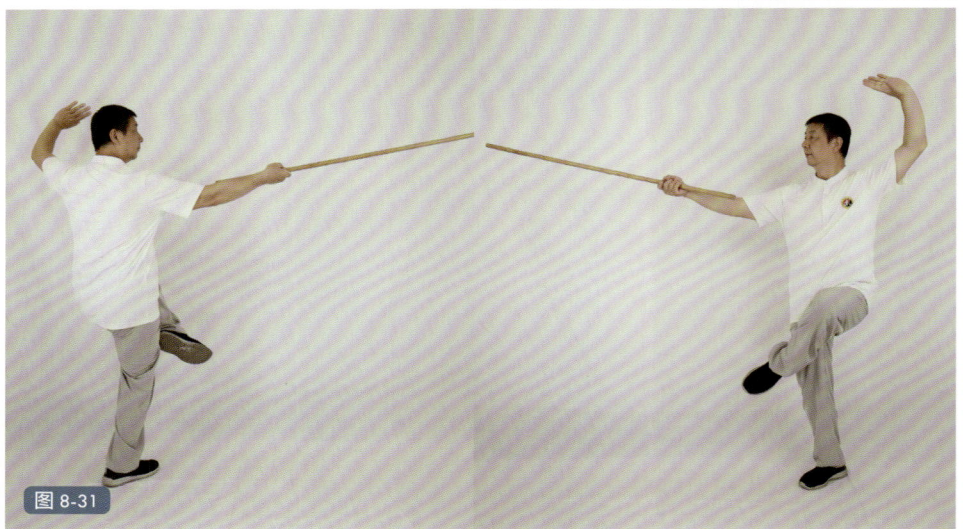

图 8-31

| 要领 |

转身、独立、平抽要连贯，一气呵成。支撑腿略屈，有利于平衡。

捌 / 落鞭碎石
（立鞭拦挡、并步反点）

1 左脚向后落，成右弓步。同时，右手执鞭杆把段，手腕内旋，使把端向上立于前方，梢端接近地面。目视前方。（图 8-32）

2 右脚回撤成并步，两膝略屈。同时，右手执鞭，手腕外旋翻转，使鞭杆在身体左侧顺时针画一立圆，用梢端向前点击，高与腰平；左手按于鞭杆把段。目视前方。（图 8-33）

图 8-32

图 8-33

| **要领** |

（1）落脚与拦挡协调一致，并步与点鞭协调一致。

（2）左手护在鞭杆把段，以控制点鞭的力度与稳定性。

第二串

玖／青龙现爪（提膝剿鞭、歇步戳鞭）

1. 提膝剿鞭

1 身体舒直站立。同时，左手离开鞭杆把段，换握于右手前，再向梢端滑把，松握于梢段。目视右前方。（图8-34）

图8-34

2 右脚向前进一步，成右弓步。同时，两手执鞭杆，用把端向前下方戳。目视前方。（图 8-35）

3 两手执鞭杆，将把端向上弧形劙起，高与肩平；随即右手握鞭杆把段，左手握梢段，将鞭杆举向左后上方，把段贴于左胸前。同时，左膝提起。目视前方。（图 8-36）

图 8-35

图 8-36

2. 歇步戳鞭

左脚向前落成歇步。同时，两手执鞭杆，用把端向前戳，高与心口平。目视前方。（图8-37）

图 8-37

| 要领 |

（1）劂鞭由下而上走弧线，力点在鞭杆梢端。

（2）独立步时上体左转，左足尖略绷紧；落脚成歇步时与戳鞭协调一致，歇步可高可低。

拾 / 犀牛望月（左右后戳）

犀牛望月

1. 右望月式

右脚向前上步，脚尖外撇，成插步；同时，身体右转。使鞭杆把段随转体摆向右后上方，高与头平；左手握梢段贴于胸前；右手向把段滑把。目视鞭杆把段。（图 8-38）

图 8-38

2. 左望月式

身体向左转；左脚向左侧上一步，随即右脚向左腿后插步；身体左转。同时，用鞭杆梢端向左上方戳击；右手握把段贴于身前；左手握中段。目视鞭杆梢段。（图 8-39、图8-40）

图 8-39

| 要领 |

做插步时，脚有下踩之意。转身后摆时力点在鞭杆把段。插步转身后戳时，力点在鞭杆梢端。

图 8-40

拾壹／乌龙摆尾（转身右摆、独立反摆）

1. 转身右摆

身体右转；右脚向前上步，脚尖外撇。同时，鞭杆顺时针水平摆转一周，高与腰平。目视鞭杆梢段。（图 8-41、图 8-42）

图 8-41

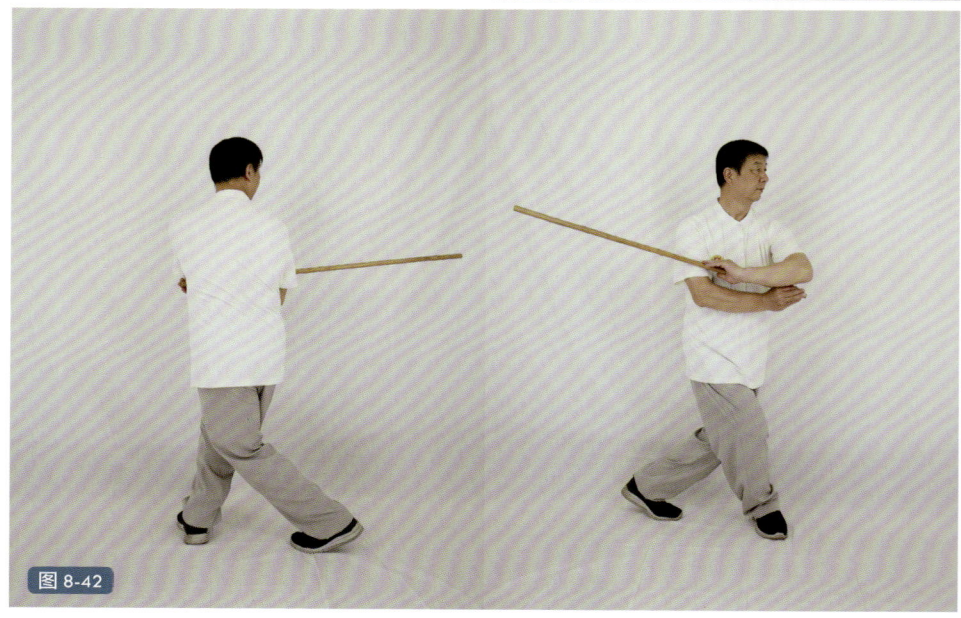

图 8-42

2. 独立反摆

　　左脚向前上步，脚尖内扣；随即右腿屈膝，从左腿后反撩起，右脚绷脚面；同时，上体左转。两手持鞭杆向左后方摆动，使梢段高与头平。目视鞭杆梢段。（图8-43）

图 8-43

| 要领 |

　　摆鞭时，力点在鞭杆梢段，动作要舒展圆活。做独立步时要平衡挺拔。

太公钓鱼
（右弓步戳、右虚步扣）

1. 右弓步戳

　　右脚向右前方落下，成右弓步；同时，身体右转。转体的同时将鞭杆把端向前戳。目视前方。（图8-44）

图 8-44

2. 右虚步扣

　　右脚回撤，成右虚步。同时，使鞭杆梢段由后向前上方走立圆扣击，高与头平，右手握把段贴于左肘内侧；左臂屈，肘关节贴于左肋。目视前方。（图8-45、图8-46）

图 8-45

要领

　　（1）右弓步戳时，落脚、转身、戳把要协调一致。

　　（2）右虚步扣时，虚步立身要直，两手要扣紧鞭杆把段，两臂皆贴身，借腰脊之力扣击。

图 8-46

拾叁 / 玉女穿梭（左右穿鞭）

1. 左穿鞭

1 右脚收回，并于左脚；身体舒直。同时，左手向鞭杆梢端滑把，使鞭杆垂直于地面；右手握把段贴于左肋。目视前方。（图 8-47）

2 身体左转；同时，鞭杆梢段继续向后转至与腰平。随即右脚向前上步，成右弓步。左手握鞭杆梢段向前穿鞭，高与心口平；右手松握，使鞭杆在手中穿行至两手接近、两臂舒直。目视鞭杆把段。（图 8-48）

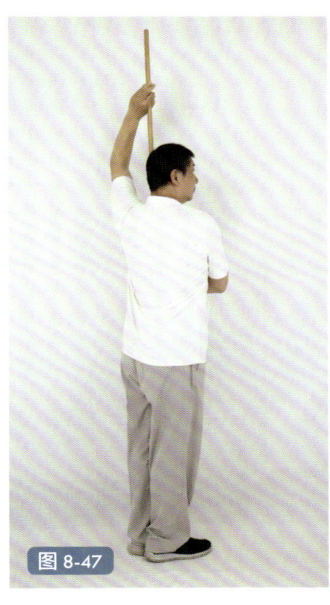

图 8-47

图 8-48

2. 右穿鞭

1 左脚向前上步，并于右脚旁；身体站直。同时，右手向鞭杆把端滑把，使鞭杆垂直于地面，左手握梢段贴于右肋。目视前方。（图 8-49）

2 身体右转；同时，鞭杆把段继续向后转至与腰平。随即左脚向前上步，成左弓步。右手握鞭杆把段向前穿鞭，高与心口平；左手松握，使鞭杆在手中穿行至两手接近、两臂舒直。目视鞭杆梢段。（图 8-50）

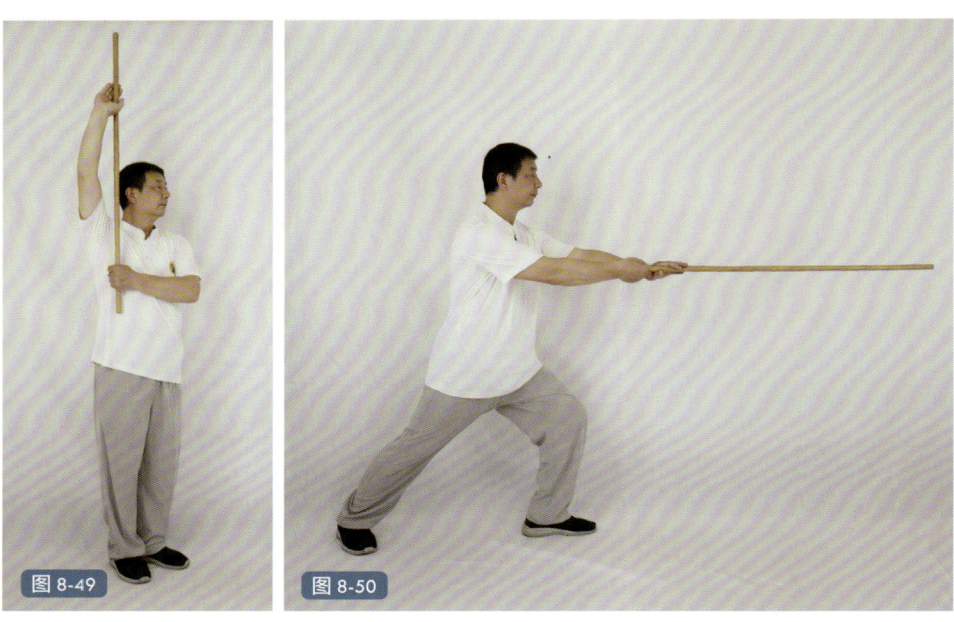

图 8-49

图 8-50

| 要领 |

穿鞭时，要使鞭杆走转大圈；平穿时，鞭杆要贴身而出；手、眼、身法、步要协调一致。

拾肆 / 苏秦背剑（虚步背挎）

　　左脚回撤，成左虚步。同时，右手松握鞭杆，手腕外旋，手心翻向上，成卡把；两手使鞭杆弧形转至右臂后，鞭杆垂直于地面，把端向上，右手半握于把段，高与耳平；左手握鞭杆梢段，在右肘下。目视前方。（图8-51）

图 8-51

要领

　　背挎的动作有防护身侧之意。弧形后转时，鞭杆要贴着小臂外侧，相互借力。

拾伍 / 老翁劈柴（左拧身抽、右拧身劈）

1. 左拧身抽

1 左脚向前上步，脚尖外撇，成歇步；同时，身体向左拧转。左手松开鞭杆；右手执把段，用梢段由右上方向左下方斜抽。目视鞭杆梢段。（图8-52）

2 动作不停，身体继续左转。将鞭杆梢段顺势向左、向上、向后弧形甩至左肩上，此时左手接握鞭杆把段，右手松开，立掌护于左肩前，鞭杆中段贴于左肩后，梢段向下。目视前方。（图8-53）

图 8-52

图 8-53

2. 右拧身劈

　　右脚向前上步，成盖步；同时，身体向右拧转。左手执鞭杆把段，用梢段由左上方向右下方斜劈；右手顺势接握鞭杆把段，两手接近，梢段高与膝平。目视鞭杆梢段。（图8-54）

图 8-54

| 要领 |

　　左拧身抽时，鞭走斜行大圆，鞭劲流畅，如用鞭杆抽打，力点在梢段，目标为对方肩部。右拧身劈时，鞭走小圆，两肘几乎贴身，用周身协调整劲，力点在鞭杆梢段，目标可以是对方的肩、腰、膝。

拾陆 / 喜鹊登枝（左弹腿）

1 身体不动，两手滑把至鞭杆中段；左手向后扳，右手向前推，使鞭杆向后翻转，梢段贴于右臂外侧，把段向前崩出，高与心口平。目视前方。（图 8-55）

2 两手不动，起左脚弹出，高与腰平。目视前方。（图 8-56）

图 8-55　　图 8-56

| 要领 |

左弹腿力点在脚面，右腿独立支撑，右膝略屈，易于稳定。

第三串

拾柒 霸王送客（进步点鞭）

左脚屈膝收回；同时，将鞭杆扛在右肩上。随即左脚向前落地，右脚略跟进。同时，右手握鞭杆把段向前点击，高与肩平；左手握鞭杆中段于右肩前。目视前方。（图8-57、图8-58）

图 8-57　　　图 8-58

| 要领 |

点鞭时，力点在鞭杆把端，右手要握紧鞭杆，身体前催以助力点击。

拾捌／怀中抱月（转身甩鞭、歇步抱鞭）

1. 转身甩鞭

　　左脚脚尖里扣，右脚脚尖外撇；同时，身体向右后方转。转体的同时，右手执鞭杆把段，使梢段由下向上甩起，甩至鞭杆中段贴于右肩后，梢端向下；左手松开鞭杆，向左侧伸展。目视前方。（图 8-59、图 8-60）

图 8-59　　　　　　　　　　　图 8-60

2. 歇步抱鞭

右手执鞭杆把段，手腕内旋做剪腕花，使鞭杆在身体右侧逆时针旋转一周；随即左手接握鞭杆中段向右后方推，成歇步抱鞭。目视前方。（图 8-61~图 8-64）

图 8-61

图 8-62

图 8-63

图 8-64

要领

（1）转身与甩鞭要协调顺畅，鞭杆走大立圆；手腕转动要灵活，握鞭松紧适度。

（2）歇步可高可低。抱鞭时左手贴身，右手后伸，有藏鞭之意。

拾玖／追风发箭（穿鞭、进步连戳）

1. 穿鞭

　　身体略起。同时，右手执鞭杆把段，用梢端向前平穿；左手松握，使鞭杆在手中穿行至两手接近，鞭杆梢段高与心口平。目视前方。（图8-65）

图 8-65

2. 进步连戳

1 右手换把至左手前，随即右手向鞭杆梢段滑把，将鞭杆上举，使鞭杆在身体右侧顺时针走立圆至梢端向后；目光追随鞭杆梢端，随即转头向前看；鞭杆下落于腰右侧。（图8-66、图8-67）

图 8-66

图 8-67

2 左脚上步，成左弓步。同时，以鞭杆把端向前戳击，高与心口平。目视前方。（图8-68）

图 8-68

3 右脚进步，左脚抬起，成独立步，左脚贴于右踝关节旁。同时，两手将鞭杆向后拉，左手贴于右腹前，鞭杆贴于腰右侧。目视前方。（图 8-69）

4 左脚上步，右脚跟进。同时，两手执鞭杆，用把端向前戳击，高与心口平。目视前方。（图 8-70）

图 8-69

图 8-70

| 要领 |

穿鞭时要鞭走水平，如箭离弦。进步连戳为进三步两戳，进三步的步法、步形均不相同，此处须留意。

贰拾 / 龙行浪涌（进步劂鞭）

左脚进步，右脚脚后跟提起。同时，右手换把，两手成阴阳把；两手执鞭杆，使梢端在身体右侧向前劂起。目视前方。（图 8-71、图 8-72）

图 8-71　　图 8-72

要领

（1）左脚进步要略向左前方。

（2）劂鞭力点在鞭杆梢端，梢端画一立圆，劂击目标可以是对方的裆部、面部等。进步、劂鞭要协调一致。

贰拾壹 / 巨斧劈山（上步斜劈）

右脚上步，左脚脚后跟提起。同时，两手使鞭杆在头上逆时针水平旋转，转至左后方时向右斜劈而下；同时，左手换把到右手前，两手均握在把段。目视鞭杆梢段。（图8-73、图8-74）

图8-73

图8-74

| 要领 |

（1）右脚上步要略向右前方，左右闪展。

（2）上步与斜劈要顺势连贯，用移动身体和转腰胯之力。

贰拾贰 / 横扫千军（独立反扫）

1 右脚略进步，左脚跟进。同时，两手执把段将鞭杆向上托起，高过头顶，力点在鞭杆中段，梢端指向左前方。目视鞭杆梢端。（图 8-75）

图 8-75

2 左脚上步，随即右脚向左后方插步。同时，两手使鞭杆在头上顺时针水平旋转，转至右后方时右手松开，左手执鞭杆向左平扫而出，梢段顺势贴于背后，高与肩平；右手护于左肩前。目视左前方。（图8-76~图8-78）

图 8-76

图 8-77

| 要领 |

扫鞭时左手手心由向下转向上，发力目标在前方。发力时手要紧握鞭杆，随即松握。

图 8-78

贰拾叁 / 回马扬鞭（回身云扫）

1 右转身，右脚向右上步。目视前方。（图 8-79）

图 8-79

2 随之左脚上步，左手持鞭杆向右平扫。目视前方。（图 8-80）

3 身体向后转 180°。同时，左手执鞭杆，使鞭杆在头上逆时针平扫一周至梢端向后，右手接握鞭杆把段。目视前方。（图 8-81）

图 8-80

图 8-81

| 要领 |

各个动作要连贯顺遂，力点在鞭杆梢段。

贰拾肆 / 凤凰抬头（下劈上崩）

1 右脚提起，成左独立步。同时，两手持鞭杆下劈，随即两手成卡把，执鞭杆把段，用梢段下劈至鞭杆垂直于地面，梢端向下，鞭身贴脚面。目视前方。（图8-82）

2 右脚向前落地，成右弓步。同时，两臂屈肘上抬，左手向后扳，右手向前推，使鞭杆把端向上崩起，鞭杆贴于右臂外侧。目视前方。（图8-83）

图 8-82

图 8-83

| 要领 |

下劈与提膝相合，上崩与落脚相合，上崩有反弹力。

第四串

贰拾伍 / 霹雷击地（抡鞭下拍）

1 两手执鞭杆把段，使梢段由后向前劈。目视前方。（图 8-84）

图 8-84

2 左脚提起，成右独立步；同时，上体左转。两手执鞭杆把段，使梢段由上向下挂，护住左腿。（图 8-85）

3 左脚向后落，成右弓步。同时，两手持鞭杆向前抡拍至梢端接近地面，力点在鞭杆梢段。目视前方。（图 8-86）

图 8-85

图 8-86

要领

（1）三动连续不停，鞭杆走立圆接近身体。

（2）抡鞭与下拍均要用腰腿之力，人鞭协调。

贰拾陆 / 迎风摇旗（鞭梢劐起、并步缠转）

1. 鞭梢劐起

重心后移，右脚脚尖翘起。同时，两手执鞭杆，使梢端向上劐起并顺势向后摆；左手滑把至梢段，右手握把段贴于胸前。目视前方。（图 8-87）

图 8-87

2. 并步缠转

1 左脚上步至右脚旁，成并步。同时，两手执鞭杆，用梢端在前上方逆时针缠绕一圆圈，圆圈直径约 66 厘米（2 尺），高与头平。目视鞭杆梢端。（图 8-88）

2 随即右脚向前盖步，身体右转。将鞭杆梢段向后带，使之贴于右肩，梢端朝向后上方。目视前方。（图 8-89）

图 8-88

图 8-89

| 要领 |

　　劐走弧线，戳走直线，两者劲力转换要自然顺遂。缠转要用转腰胯之力，人鞭合一。

贰拾柒 / 白蛇吐信（弓步左拨、撩鞭点脚）

1. 弓步左拨

左脚向前进步，成左弓步。同时，左手握鞭杆中段，右手握把段贴于腹前；用梢段向左横拨，高与肩平。目视前方。（图 8-90）

图 8-90

2. 撩鞭点脚

1 右手向后拉鞭杆，左手滑把握于梢段；右手滑把，使小指侧向下，手托扶鞭杆把段，鞭杆中段贴于腰右侧。目视前方。（图 8-91）

2 右手向鞭杆梢段滑把，边滑边推，用鞭杆把端向上撩起，高与头平。同时，右脚提起，向前点脚，高与腰平；上身略后仰。目视鞭杆把端。（图 8-92）

图 8-91　　　　　图 8-92

要领

（1）拨鞭力点在鞭杆梢段外侧，两手协同配合。

（2）撩鞭与点脚要协调，并同时到位，身体略后仰是为了保持平衡稳定。

贰拾捌／凤凰点头（左虚步挂、抛鞭吊点）

1 右脚向后落地。同时，两手执鞭杆，使把段下落于右后方；左手握梢段贴于腹前，右手滑把握于中段。目视前方。（图 8-93）

图 8-93

2 左手换把，虎口对着鞭杆中段；同时，两手执鞭杆，使把段由后向前立圆抛出，至与头同高时两手腕上提，用把端点击；随即两手坐腕，肘部下沉，使鞭杆反弹回右臂外侧。目视前方。（图8-94～图8-96）

图 8-94

图 8-95

图 8-96

| 要领 |

点鞭时身体略起，配合提腕。鞭杆回弹时，身体也随之自然下沉，使人鞭协调。

贰拾玖 / 青龙取水

（歇步下挂、弓步反点）

1. 歇步下挂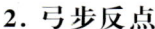

左脚脚尖外撇，身体下沉，成高歇步。同时，两手执鞭杆梢段，逆时针画立圆，使把段转动下挂至左下方。目视鞭杆把段。（图8-97、图8-98）

图 8-97

2. 弓步反点

右脚向前上步，成右弓步。同时，使鞭杆走立圆，至与肩平时用把端反点。目视鞭杆把端。（图8-99）

图 8-98

要领

歇步下挂要向左拧身转肩，使鞭劲顺遂。反点时右手瞬间下拉，左手上推，两手上下协调用力，但点击的动作幅度不可太大。

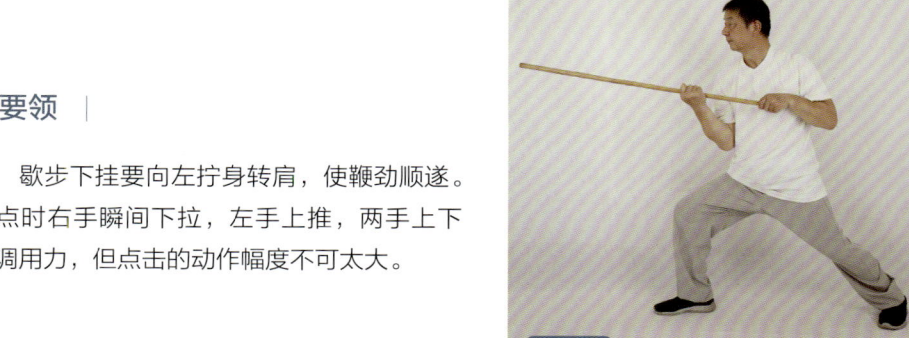

图 8-99

叁拾 / 锦鸡食米（丁步下点）

1 右手换把，握于鞭杆把段，虎口对着中段；同时，重心移至左腿，成右虚步；两手向后拉鞭，使鞭杆位于身体左侧。目视前方。（图 8-100、图 8-101）

图 8-100

图 8-101

2 左脚提起，成右独立步。同时，右手握鞭杆把段，使梢端走立圆，向前下方点击；左手护于右肩前；随即鞭杆弹回，贴于右臂外侧。目视前方。（图8-102、图8-103）

图 8-102　　　　　　　　图 8-103

| 要领 |

独立步与点鞭要同步完成。鞭杆梢端下点时身体微向上提起，手腕上提，使鞭杆有反弹之力。

叁拾壹 / 风扫残云（转身歇步云贯）

1 身体向左后方转；左脚向前迈步，脚尖外撇。同时，左手向左脚脚尖方向穿掌，高与头平；右手执鞭杆向右侧伸展，高与肩平。目视左掌。（图 8-104）

图 8-104

2 身体继续左转，成歇步。同时，右手握鞭杆把段，转体的同时手心向上，使鞭杆向前平云横扫，高与头平。目视前方。（图 8-105）

3 上动不停，身体下沉，歇步降低。同时，右手手腕内旋，手心向下，使鞭杆梢端快速向左横贯，左手接梢段。目视右前方。（图 8-106）

图 8-105

| 要领 |

　　云扫与横贯本是一个动作，要无缝衔接。从扫到贯，歇步由高到低，速度瞬间加快；左手护于鞭杆梢段，使鞭杆快速稳定。

图 8-106

叁拾贰／梅花落地（转身舞花、按掌还原）

1 两脚蹍转，使身体向右转，成左弓步。同时，左手向前推按鞭杆中段，右手握把段。目视前方。（图 8-107）

图 8-107

2 左膝提起，成右独立式。同时，左手向下快速按压鞭杆，右手卡把略上提，手腕外旋，使鞭杆在身体右侧逆时针转一立圆（剪腕花）。目视前方。（图 8-108、图 8-109）

3 左脚落地，成左弓步。同时，左手穿掌，高与口平；鞭杆梢端着地，在右脚外侧。目视前方。（图 8-110）

4 身体右转。同时，左手臂向右横砍。目视左手。（图 8-111）

图 8-108

图 8-109

图 8-110

图 8-111

5 左脚收回至右脚旁，并步直立。同时，左手收于胸前，手心向下。（图 8-112）

图 8-112

6 左手下按至腹前，随即松落于身体左侧。松静站立，目视前方。（图 8-113、图 8-114）

图 8-113

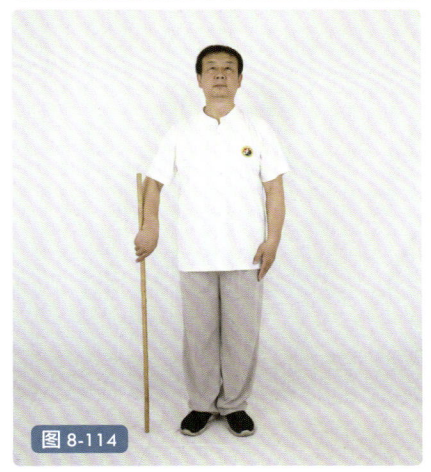

图 8-114

| 要领 |

　　上述动作均要连贯、自然、顺畅，呼吸自然，站定后周身放松、自然挺拔。

第九章

鞭杆拳健身功法

溜腿功法

溜腿功具有明显的练功和养生作用，溜腿功类似于一般的踢腿动作，不同的是，溜腿功要求踢腿时放松下肢关节，膝部保持弯曲，不要求踢腿的高度。溜腿功的目的是：通过腿部的放松性踢摆促进血液循环、促进肌肉的适度拉伸和放松、促进关节健康。

壹／正踢溜腿

1. 左脚上步。同时，两手阴把执鞭杆，高举过头顶。身体放松，目视前方。（图9-1）

2. 右腿放松，向正前方踢摆，鞭杆下落迎合上踢腿，脚面接近鞭杆中段，髋关节、膝关节、踝关节均要放松。（图9-2）

图 9-1

| 说明 |

可以一步一踢腿，也可以三步一踢腿。左右各踢 10 次左右为宜。

| 要领 |

支撑腿的膝部可以适度弯曲，足底踩平站稳。踢腿要轻、柔、缓，有适度拉筋的感觉为好。

图 9-2

贰 侧踢溜腿

1 左脚上步，脚尖外撇；身体左转。同时，两手握鞭杆于腹前，把端随转体指向前。目视前方。（图 9-3）

2 右腿放松，经右臂外侧向侧上方踢摆，髋关节、膝关节、踝关节均要放松。（图 9-4）

图 9-3

图 9-4

说明

可以一步一踢腿，也可以三步一踢腿。左右各踢 10 次左右为宜。

要领

（1）支撑腿的膝部可以适度弯曲，足底踩平站稳。

（2）肘部可适度弯曲，以利于放松。

（3）踢腿要轻、柔、缓，脚尖对着右耳，腿部有适度拉筋的感觉为好。

叁 / 外摆溜腿

1 两手将鞭杆抬起，高与肩平，左臂屈，右臂伸展。目视前方。（图 9-5）

2 左脚上步，右腿放松，向正前方踢起后向外摆，脚外侧接近鞭杆把段，髋关节、膝关节、踝关节均要放松。（图 9-6）

图 9-5

图 9-6

| 说明 |

可以一步一踢腿，也可以三步一踢腿。左右各踢 10 次左右为宜。

| 要领 |

支撑腿的膝部可以适度弯曲，足底踩平站稳。踢腿要轻、柔、缓，以脚外侧接近手掌，腿部有适度拉筋的感觉为好。

肆 / 里合溜腿

1 两手将鞭杆抬起，高与肩平，右臂屈，左臂伸展。目视左前方。（图 9-7）

2 左脚上步，右腿放松，向正前方踢起后向里合，髋关节、膝关节、踝关节均要放松，脚内侧接近鞭杆。（图 9-8）

图 9-7

图 9-8

说明

可以一步一踢腿，也可以三步一踢腿。左右各踢 10 次左右为宜。

要领

支撑腿的膝部可以适度弯曲，足底踩平站稳。踢腿要轻、柔、缓，以脚接近手掌，腿部有适度拉筋的感觉为好。

调息吐纳内壮法

根据我们的练习实践、体会，调息吐纳有以下几个好处：

1. 强脑力

大脑是消耗氧气最多的器官。调息吐纳可以让我们吸入充足的氧气，供应大脑运转。

2. 强五脏六腑

调息吐纳一般运用丹田呼吸法，又可以分为逆式和顺式两种。不论何种呼吸法，均可增强内脏的活动。调息吐纳时膈肌的运动幅度大大增加，膈肌之上是心、肺，之下是肝、脾、肾，增大膈肌的上下运动幅度，相当于有节奏、有力度地按摩了上下腔的脏腑，增进了脏腑的功能活动，促进了新陈代谢，明显的表现是食量增大、饿得快、排出快、食欲好、唾液多，这些都是生命力旺盛的反映。

3. 强视力

中医认为，五脏的精气皆上注于目，五脏精气旺盛且平和，则视力强，反之则视力弱。

4. 强体力

中医认为，肝主筋、心主脉、脾主肉、肺主皮毛、肾主骨，所以通过调息吐纳，使五脏坚强，则外在的骨骼、筋肉、皮毛均健壮起来，而且五官的感知也会非常灵敏。

调息吐纳可以采用卧式、坐式、站式、行式、拳式等方法进行，这里我们采用与鞭杆拳相结合的拳式进行。由于是以调息吐纳为主的练习，所以拳式要随着呼吸的节奏和速度，以呼吸顺畅为好；如有不顺，则可以调整为自然呼吸。

从武术养生的角度看，每个动作都可以用来做导引吐纳的动作，我们仅是选择几个动作为例，大家可以举一反三，在熟练的基础上采用更多的动作练习，从单式到组合、到全套都可以，宗旨是要自然、顺畅、不憋气、不鼓气。

需要说明的一点是：以拳式动作为导引的吐纳呼吸一般都是逆腹式呼吸，而且是自然的，这一点在练习中不必纠结，只需要将动作做到规范、放松、缓慢、柔和、自然即可。

壹 / 劈

见第七章中的"劈点子"内容，在劈的基础上，放慢速度，放大幅度，伸展躯干和四肢。（图9-9~图9-12）

图 9-9

图 9-10

图 9-11

图 9-12

| 要领 |

采取定步法，即上步时不要跟步。动作要中正、匀速、缓慢、松柔。左右式相同，依次重复练习。

| 调息 |

鞭杆上刮时为吸，鞭杆下劈时为呼；动作要随着呼吸，呼吸也要配合着动作。

贰／戳

1 两脚相并。右手上举，使鞭杆立于身体右侧，右臂伸直。目视前方。（图 9-13）

2 左脚向前迈出，成左弓步。同时，两手持鞭杆，用梢端向前戳，高与心口平。目视前方。（图 9-14）

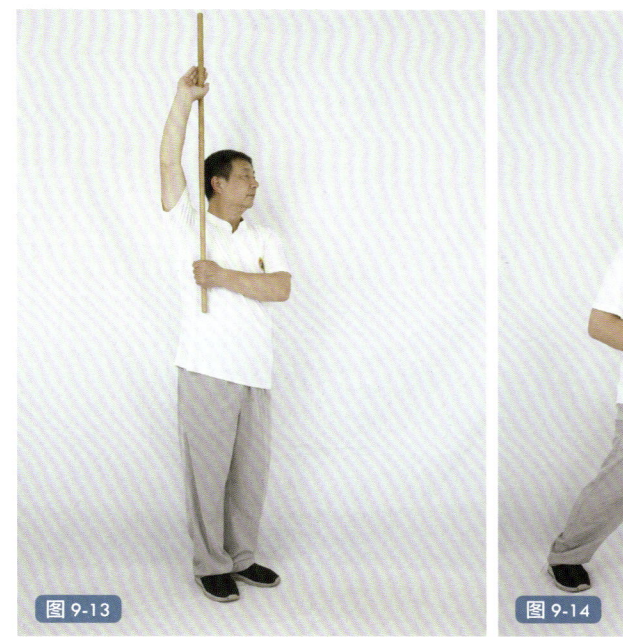

图 9-13

图 9-14

3 接上动，两脚相并。左手上举，使鞭杆立于身体左侧，左臂伸直。目视前方。（图9-15）

4 右脚向前迈出，成右弓步。同时，两手持鞭杆，用把端向前戳，高与心口平。目视前方。（图9-16）

图 9-15

图 9-16

| 要领 |

动作要缓慢、柔和，上步要稳定，落脚轻稳，步幅适中。左右式相同，依次重复练习。

| 调息 |

并步及鞭杆上举时为吸，鞭杆戳出时为呼；动作与呼吸自然协调，不可憋气、鼓气。

参 / 架

1 接上动，左脚迈出，成左弓步。同时，两手持鞭杆上举，手臂伸展。目视上方。（图9-17）

2 重心后移，成坐步，左脚脚尖翘起。两手执鞭杆下落于腹前。目视前方。（图9-18）

图 9-17

图 9-18

| 要领 |

上步略取斜势，以便站立舒适稳定。动作要缓慢、柔和，步幅适中。左右式相同，依次重复练习。

| 调息 |

鞭杆上举时为吸，鞭杆下落时为呼；动作与呼吸自然协调，不可憋气、鼓气。

肆／摇

图 9-19

图 9-20

图 9-21

1 右脚向右前方迈出，成右弓步。同时，两手将鞭杆向前弧形推出，手臂伸直。目视前方。（图 9-19、图 9-20）

2 重心后移，右脚脚尖翘起。同时，两手执鞭杆下落于腹前。目视前方。（图 9-21）

要领

鞭杆推出与下落都走弧线，弧线顶与鼻平，弧线底与胯平。动作要缓慢、柔和。左右式相同，右式练习约 10 次后再练习左式。

调息

鞭杆弧线上推时为吸，弧线下落时为呼；动作与呼吸自然协调，不可憋气、鼓气。

防治肩、颈、腰、膝病症练习法

壹 / 防治肩部病症

　　从中医的角度看，经过肩部的经筋和经络很多，有手三阳经由手经过肩部走向头部，足三阳经由头走向足；肩部布满穴位。所以肩部既是气血活跃的部位，也是容易出问题的地方。

　　在武术中，肩部是手臂的根节，练习武术需要开肩、活肩、松肩、沉肩，如果运动不当，则容易造成肩部损伤。一般人的肩部也容易出问题，劳动强度过大、着凉、外伤等，都可能伤及肩部的经筋或肌肉、关节，人到了50岁左右还可能会出现"五十肩"的现象。肩部根节若有疾患，会影响整个手臂的正常运动，令人十分痛苦。肩部的功能练习可以改善和加强气血运行、拉伸经筋、通利关节，对肩部病症的恢复和肩部健康是有益的。

1. 无极圈活肩式

见第四章中的无极转圈松活膀臂内容。（图 9-22～图 9-26）

| 说明 |

通过肩部上、下、左、右轻柔的转动，促使肩部筋肉伸展活化，改善气血循行，活血化瘀，防治肩周炎和"五十肩"。

2. 托天开肩式

1 两手将鞭杆缓缓向上推起，手臂伸展。同时，提起脚后跟，前脚掌着地。保持两手臂伸直1分钟左右。目视前方。（图9-27）

2 随之，脚跟落地。两手臂屈肘下落，停于胸前。目视前方。（图9-28）

托天开肩式
（提踵托天）

图 9-27

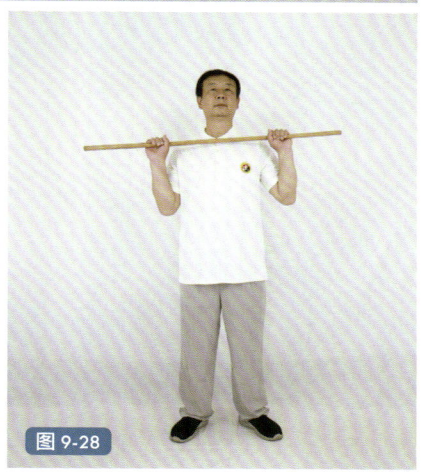
图 9-28

说明

肩部筋脉受伤容易形成筋结，病灶还容易引起头疼。此式可以充分拉伸肩的前部、后部，以及肩部外侧的经筋和肌肉，促进气血循环，软化筋结，有利于肩部健康。此式可重复练习2~3次。

要领

动作要柔和、舒展、缓慢、均匀，有筋肉拉长的感觉。动作不可僵硬，不要耸肩。

3. 背鞭展肩式

两手持鞭杆，使鞭杆贴于背后，保持1分钟左右，也可视个人情况而定。目视前方。（图9-29）

背鞭展肩式　　　　背鞭转肩式
（开展肩胸）　　　（青龙反手）

图9-29

| 说明 |

此式可以充分拉伸肩的前部及胸部的经筋和肌肉，促进气血循环，软化筋结。此式可重复练习2~3次。

| 要领 |

动作要舒展、缓慢，肩前部筋肉有被拉长的感觉。动作不可僵硬。

4. 马步转鞭式

1 两手握鞭杆两端。同时，下坐成马步。两手直臂向前推，使鞭杆垂直于地面，左手在上，右手在下，保持 6 秒左右。目视两手之间。（图 9-30）

2 马步不动。两手直臂逆时针转鞭，使鞭杆垂直于地面，右手在上，左手在下，保持 6 秒左右。目视两手之间。（图 9-31）

图 9-30

图 9-31

说明

此式可以充分拉伸肩的后部与侧方的经筋和肌肉，配合马步可以更加充分地将背部与体侧的经筋舒展拉伸，促进气血循环，软化筋结。此式可重复练习 3~5 次。

要领

（1）成马步时，两脚距离大于肩宽，不要求蹲得太低，大腿与地面成 45° 左右即可。
（2）手臂动作要舒展、缓慢，肩外侧筋肉有被拉长的感觉。动作不可僵硬。

贰／防治颈部病症

转头式
（左顾右盼）

1. 转头式

两手握鞭杆两端，使鞭杆贴于肩颈后部，鞭杆保持不动，向左转头，保持约 20 秒，随后头转正，放松。目视前方。再向右转头，保持约 20 秒，随后头转正，放松。（图 9-32~图 9-34）

图 9-32

图 9-33

| 说明 |

此式可以充分拉伸肩颈后部、侧面的经筋和肌肉，促进气血循环，软化颈部筋结。重复练习 2~3 次。

| 要领 |

动作要舒展、缓慢，转头时颈部筋肉有被拉长的感觉。动作不可僵硬。

图 9-34

2. 仰头式

两手握鞭杆两端，使鞭杆贴于肩颈后部，鞭杆保持不动，头向后仰，似枕在鞭杆上，保持3~6秒，随后头回正，放松。目视前方。（图9-35）

仰头式
（仰头观天）

图 9-35

| 说明 |

此式可以充分拉伸颈部前后的经筋和肌肉，促进气血循环，软化颈部筋结。重复练习3~6次。

| 要领 |

（1）动作要舒展缓慢，仰头时颈部肌肉有被拉长的感觉。动作不可僵硬。

（2）头回正时，先向前屈伸至头正，再舒直身体，这样颈部轻松自然。

叁 / 防治腰部病症

1. 扶鞭抬腿式

1 两手持鞭杆，屈肘将鞭杆缓缓抬起，高与心口平。目视前方。（图 9-36）

图 9-36

2 身体略前倾；右腿伸直，绷脚面向后抬起，保持 3~6 秒。目视前方。（图 9-37）

3 两手臂不动，右脚落地；左腿伸直，绷脚面向后抬起，保持 3~6 秒。目视前方。（图 9-38）

图 9-37　　图 9-38

| 说明 |

此式可以充分拉伸腰腹部的经筋和肌肉，促进气血循环，加强腰后部筋肉的力量与稳固性，对腰椎间盘突出症有帮助。重复练习 3~6 次。

| 要领 |

保持平衡稳定，动作要舒展、缓慢，腰背部、臀部筋肉有收缩用力的感觉。动作不可僵硬。

2. 背鞭翻胯式

1 两手持鞭杆，将鞭杆横置于腰后命门穴，两小臂贴压在鞭杆中段，与腰合住鞭杆。目视前方。（图 9-39）

2 屈膝略下蹲；同时收臀，胯向后翻转（尾闾向前挑），使腰背伸直（命门穴向后）。目视前方。（图 9-40）

3 两腿伸直；胯向前翻转（尾闾向后收），使腰椎出凹（命门穴向前）。目视前方。（图 9-41）

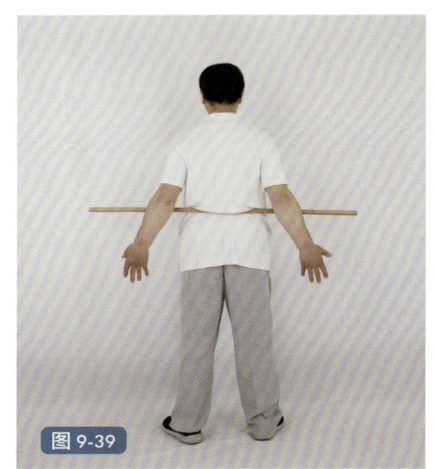

图 9-39

图 9-40

| 说明 |

此式可以充分拉伸腰腹部的经筋和肌肉，促进气血循环，加强腰部筋肉的力量、协调性与柔韧性。重复练习 6~10 次。

| 要领 |

动作要如波浪般柔和缓慢，当腰部由凹变直时，体会腰部有向后推动鞭杆的感觉。腰胯部筋肉有伸展、收缩用力的感觉。动作不可僵硬。

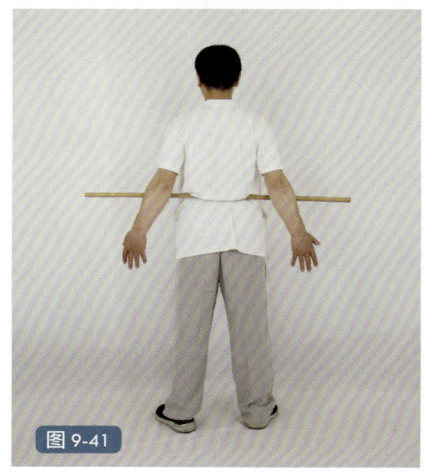

图 9-41

3. 转胯摆尾式

两脚开立。两手松握鞭杆中段，贴于腹前。轻松地左右抖胯，鞭杆随之前后弹性摆动。目视前方。（图9-42）

转胯摆尾式
（左右抖胯
转腰波浪劲）

图9-42

| 说明 |

此式可以松活腰腹部的经筋和肌肉，促进气血循环，加强腰部筋肉的力量与协调性。这个动作还可以引动五脏六腑的振动，加强气化、运化功能。每组10秒，可以练习3组。

| 要领 |

动作协调、轻灵，不可僵硬。抖动幅度不大，可慢可快。

防治膝部病症

1. 挂杖站桩

两脚并拢，两膝略屈，收臀，尾闾中正；头正、身直。两手执鞭杆把段，将梢端挂于地面两脚拇指之间，两膝盖夹住鞭杆。目视前方。（图 9-43）

图 9-43

| 说明 |

膝盖适当用力夹住鞭杆以便使膝部快速发热。站桩保持 5 分钟左右，达到脚底发热的程度更好。循序渐进，逐步增加站桩的时间。站桩后要散步放松。

| 要领 |

膝盖适当用力夹住鞭杆，胯部向后略翻转，拉长大腿前部筋肉，将腿部力量移到大腿股四头肌，使膝部成弧形，重力顺达脚底。

2. 下蹲压膝

两脚开立，与肩同宽，脚尖外撇约 45°，屈膝下蹲。两手执鞭杆中段，将梢端挂于地面辅助平衡。目视前方。（图 9-44）

图 9-44

| 说明 |

下蹲 2～3 分钟后，缓缓起身，慢慢散步，待疼痛、酸胀感缓解，再进行第 2 次下蹲，共练习 3 次。一般的膝盖疼痛，练习几次后有明显好转。

| 要领 |

尽量全蹲，如果蹲不下去，可以略提脚跟。下蹲时拉长了膝部的经筋，同时使膝关节腔产生较大的压力。下蹲防治膝痛的机制正在于此，不塞不流，压力可以刺激膝部的气血循环，当缓缓起立后，膝部会发热、微痛或酸胀，这是正常反应。

3. 马步蹲桩

两脚开立，距离大于肩宽，脚尖外撇约 45°，屈膝下蹲。两手执鞭杆中段轻推于胸前。目视前方。（图 9-45）

图 9-45

| 说明 |

马步蹲桩约 5 分钟后，缓缓起身，慢慢散步，待酸胀感渐渐缓解，再进行第 2 次下蹲桩，可以练习 2 次。

| 要领 |

下蹲至大腿成斜坡形，膝部成圆弧形，可拉长膝部的经筋，同时减少膝部的用力，至两大腿有微微发抖的现象，持续 5 分钟左右，重点在于使大腿股四头肌用力、发热。本式防治膝痛的机制正在于此，通过马步蹲桩可以较强地刺激膝部的气血循环，防止膝部病痛。

人文武术精品书系
北京科学技术出版社
武

武学名家典籍丛书

杨澄甫武学辑注
《太极拳使用法》《太极拳体用全书》

杨澄甫　著
邵奇青　校注

孙禄堂武学集注
《形意拳学》《八卦拳学》《太极拳学》
《八卦剑学》《拳意述真》

孙禄堂　著
孙婉容　校注

陈微明武学辑注
《太极拳术》《太极剑》《太极答问》

陈微明　著
二水居士　校注

薛颠武学辑注
《形意拳术讲义上编》《形意拳术讲义下编》
《象形拳法真诠》《灵空禅师点穴秘诀》

薛颠　著
王银辉　校注

陈鑫陈氏太极拳图说（配光盘）

陈鑫　著　陈东山　陈晓龙　陈向武　校注

李存义武学辑注
《岳氏意拳五行精义》
《岳氏意拳十二形精义》《三十六剑谱》

李存义　著
阎伯群　李洪钟　校注

董英杰太极拳释义

董英杰　著　杨志英　校注

刘殿琛形意拳术抉微

刘殿琛　著　王银辉　校注

李剑秋形意拳术

李剑秋　著　王银辉　校注

许禹生武学辑注
《太极拳势图解》
《陈氏太极拳第五路·少林十二式》

许禹生　著
唐才良　校注

张占魁形意武术教科书

张占魁　著　王银辉　吴占良　校注

王茂斋太极功

季培刚　辑校

太极拳正宗

杜元化　著　王海洲　点校

太极拳图谱（光绪戊申陈鑫抄本）

陈鑫　著　王海洲　藏

陈金鳌传陈式太极拳暨手抄陈鑫老谱

陈金鳌　编著　陈凤英　辛爱民　收藏
吴颖锋　薛奇英　点校

黄元秀武学辑录
《太极要义》《武当剑法大要》
《武术丛谈续编》

黄元秀　编著
崔虎刚　点校

武学古籍新注丛书

王宗岳太极拳论	李亦畬 著 二水居士 校注
太极功源流支派论	宋书铭 著 二水居士 校注
太极法说	二水居士 校注
手战之道	赵晔 沈一贯 唐顺之 何良臣 戚继光 黄百家 黄宗羲 著 王小兵 校注

百家功夫丛书

张策传杨班侯太极拳108式（配光盘）	张喆 著 韩宝顺 整理
河南心意六合拳（配光盘）	李洳波 李建鹏 著
形意八卦拳	贾保寿 著 武大伟 整理
王映海传戴氏心意拳精要（配光盘）	王映海 口述 王喜成 主编
张鸿庆传形意拳练用法释秘	邵义会 著
华岳心意六合八法拳	张长信 著
戴氏心意拳功理秘技	王毅 编著
传统吴氏太极拳入门诀要（配光盘）	张全亮 著
吴式太极拳八法（配光盘）	张全亮 马永兰 著
拳疗百病——39式杨氏养生太极拳（配光盘）	戈金刚 戈美葳 著
尚济形意拳练法打法实践	马保国 马晓阳 著
非视觉太极——太极拳劲意图解	万周迎 著
轻敲太极门——太极拳理法与势法	万周迎 著
冯志强混元太极拳48式	冯志强 编著 冯秀芳 冯秀茜 助编
刘晚苍传内家功夫与手抄老谱	刘晚苍 刘光鼎 刘培俊 著
赵堡太极拳拳理拳法秘笈	王海洲 著
京东程式八卦掌	奎恩凤 著
功夫架——太极拳实用训练	朱利尧 著
道宗九宫八卦拳	杨树藩 著
三十七式太极拳劲意直指	张耀忠 张林 厉勇 著
说手——太极拳静思录（全四卷）	赵泽仁 张云 著
太极拳心法休用——验证与释秘	宋保年 杨光 著
宋氏形意拳及内功四经精解	车润田 著 车铭君 车强 编著
陈式太极拳第二路——炮锤	顾留馨 著
孙式太极拳心解：三十年道功修习体悟	张大辉 著
王文魁传程氏八卦掌精要	王雪松 编著
吴式太极拳三十七式诠真	王培生 著
鞭杆拳技法与健身	毛明春 毛子木 著